少帅张学良的软禁岁月

的

刘叔慈 | 著

人民出版社

出版说明

1936 年西安事变后，张学良将军被蒋介石软禁。本书作者刘叔慈是西安事变后至 1962 年负责"管束"张学良的看守刘乙光之子，他以自己的亲身经历（从 5 岁到 30 岁），回忆了他们一家在 25 年中与张学良家人的相处经过，以及 1963 年之后张学良的一些生活情况。虽为一家之言，但对研究张学良的后半生仍具有一定的参考价值。

由于作者的立场所限，书中目前仍难免存在一些问题，例如：（1）表述上带有台湾"色彩"的词句，如"共军""国军""韩战""南韩""大陆变色"等较多。（2）受材料所限，书稿中讲述的一些史实与大陆史学界的定论存在一些出入，如张学良杀杨宇霆和常荫槐的过程、戴笠的死因以及台湾发生"二二八"事变时蒋介石是否下发过"如有不测，可秘密处死张学良"的密令等。（3）作者为刘乙光之子，在讲述内容时，尤其是描述两家的尴尬关系、评价其父时，不可避免地会站在儿子的角度看待问题。但为尊重原文，编者未进行较大改动，请读者阅读时注意。

目　录

少帅张学良的软禁岁月

目
录

一家人（代序）

　　1936 年 12 月 12 日，西安事变后，先父刘乙光奉命负责"管束"张学良将军。

　　1937 年年初至 1946 年年底，在大陆期间，爸爸带着四五十个特务和一连宪兵，"保护"着张学良将军，辗转搬了十个地方。1946 年年底迁到了台湾，先在新竹竹东深山里的清泉住了十一年，1957 年底，蒋介石才指示他们搬到高雄。1959 年年初再迁到台北近郊。1960 年年底准许张学良将军用自己的钱在台北近郊北投买地盖房子，1962 年年初房子竣工，张将军和赵四小姐搬入新居，爸爸才离开那个"看管"张学良的职位。

　　自 1937 年至 1962 年的二十多年间，爸爸一直和张学良将军住在一起。在大陆时，母亲龙志祖一直带着我们兄弟和妹妹跟着他们一起"逃难"，在张将军和爸爸他们附近租房子。寒暑假我们全家就会去爸爸那里，跟张将军他们一起生活。初到台湾的一年半时间里，妈妈带我及弟妹们跟着爸爸，和张将军

他们同住一个屋檐下，同一桌吃饭，生活得像一家人。因为爸爸和张学良将军之间关系微妙，爸爸称张将军为张先生，称张夫人于凤至为张太太，称赵四小姐赵一荻为四小姐，我们都跟着爸爸叫。张先生叫我父亲老刘，叫我母亲刘太太。四小姐则称他们为刘先生、刘太太。他们二人对我们小孩子成年前都叫小名，我的小名是"小胖子"，这名字还是"大胖子"张先生替我取的。张先生叫四小姐"咪咪"，四小姐、杜副官和吴妈称张先生"司令"。

由于张先生这二十多年的行止保密极严，他们的真实生活情形外界知道得很少，只有我们全家对那段时期的事情最清楚。但是爸爸妈妈和大哥刘伯涵已过世多年，二哥刘仲璞初中、高中都离家到贵阳和重庆上学，后赴美国留学，和张先生的接触不如我多，五弟刘季森、六弟刘重伯年纪尚小。所以现在只有我和四妹刘贯蟾知道得最多。四妹是我们家唯一的女孩，张先生四小姐都对她很好，四小姐常常把她带在身边，贯蟾说四小姐比姆妈（我们湖南人叫妈妈为"姆妈"）对她还好。

1959年蒋经国还是"国防部"政战部副主任时，便开始接管张学良的事，常来北投幽雅路招待所看张先生，和他一起吃饭、喝酒。贯蟾有时候也会在座，所以她的"内幕"消息比我多。比如，她说蒋经国初来看张先生时，大家在一起吃饭非常热闹亲切，但是到了1962年，蒋经国的态度已变得像个"皇帝"。

张先生、四小姐和我们生活得像一家人。但是张先生是太

张学良 60 大寿时，作者（刘叔慈）全家与张先生、四小姐（赵一荻）合影。（二哥刘仲璞不在里面，他那时在美国留学）。

阳，我们是行星，他是一个被乌云遮住的太阳，我们老脱不开他的影子，举个浅显的例子：直到最近几年，每次打麻将，我开始摸牌时总还会想起张先生。有一天，我摇摇头，对自己说"该跳出这个圈圈了！"

其实，我们全家是处在乌云和太阳之间，从外面看我们全是黑影子，有些电视剧如《张学良》，张学良将军等说爸爸是"鹰隼凝目"的牢头。说妈妈是"刘乙光的老婆"，连名字都没有，是个"泼妇"，有"神经病"。说我们是一群没有教养的野孩子，跟张先生抢菜吃。我们知道自己是什么样的人，我只想指出：我们都是在慈父严母的家教和张先生的身教、言教下长大的。张先生对我们的影响绝对是正面的。正如二哥刘仲璞所说："爸爸妈妈是我们的，永远是我们心里的爸爸妈妈，

别人怎么说没有关系。"

但是张学良是改变历史的重要人物，他的生活不能留下二十五年的空白，我会写下有关张先生的事，也会写一点那些围绕着张先生的人：包括我们全家和保护他的特务们的经历，张先生那些年的生活和我们全家，及那些陪着他的队员（特务队的人员统称队员，资深的称副官）是分不开的。我要把从1938到1963年和张先生相处的亲身经历，就记忆所及写下来。

小孩子接触到的张先生是真实的，我们感受到的也是真实的。

这二十多年间，张先生在吃饭时喜欢讲他父亲张作霖的故事和传奇，也喜欢讲他自己西安事变以前的事（但绝口不提西安事变），都是张口就说，二十几年内听他重复地讲过很多次，我们从小听到大，已经耳熟能详。我会尽量用他讲的故事写我本书中的"历史背景"，例如，说他杀杨宇霆的理由是"可能取我而代之"，这句话我在别的地方没有看到过。

从结局看历史好像很容易，中国今天在世界上的地位早已今非昔比，中国人抬起头来了。回头看当年张学良发动西安事变，促成国共联合抗日，八年抗战，死伤几千万军民。美国4年后参战，在日本本土投放两颗原子弹，日本投降，中国胜利了。然后是内战，共产党打败了国民党，蒋介石退到台湾。在西安事变81年后的今天，中国已发展成为世界上第二大经济体。在这一连串的历史演变过程中，有很多人牺牲，有很多人成为英雄。但是没有张学良的西安事变，今天中国的命运会有所不同，因此张学良成了"民族英雄""千古功臣"。

但是历史是人造成的，蒋介石在西安事变前为什么要先"剿共"才抗日？张学良为什么要联共抗日？"九一八"事变时他为什么对日本不抵抗？他们当时是怎么想的？那时的客观事实如何？主观判断如何？当事人的忠奸、才能、性格，那时刻的动机和认知都是决定的因素。历史要从人的生活史去看，人有忠奸好坏，也会有时好有时坏，如何为历史定案就不容易了。

我写张学良的故事，是把我二十五年的亲身经历实话实说，写下张先生的"起居注"。让大家对事实的真相有一个正确的了解。但是我写张先生的事情时，有时好像亲临其境，会感觉到张先生的思维和情绪。我就把我的"想象"用"作者按"写在主文的后面，我是讲历史故事，不是写历史。

张先生1962年以后的生活，不再是秘密，公开的数据很多，例如郭冠英、周玉蔻对张学良的录音访问《世纪行过》，唐德刚的《张学良的口述历史》，张先生侄女张闾蘅、张闾芝合著的《张学良、赵一荻私人相册》都有详细正确的资料。网络上也有很多的资料，我从已经公开的及解密的档案中筛选了一些，统合起来简略地把张先生自由以后的生活做一个概述，既替读者省事，也给大家一个完整的故事。

历史背景

地大物博

"我的家在东北松花江上，那里有森林煤矿，还有那满山遍野的大豆高粱……九一八，九一八，从那个悲惨的时候，脱离了我的家乡，抛弃那无尽的宝藏，流浪！流浪！整日价在关内，流浪！哪年，哪月，才能够回到我那可爱的故乡？……"

这首《松花江上》改变了中国历史。

张学良将军在发动"西安事变"前夕，心中不安，睡不着觉，独自不知不觉地走到他军队的营房旁，夜色茫茫下，听见一群东北军老兵悲凄地唱着"我的家在东北松花江上……"那是灵魂在呼唤："我们要回家！"张先生热泪盈眶，当时下了决心：妈那巴子！干了！他转身回到司令部，脱光了衣服，睡觉（张先生告诉我们他一直脱光衣服睡觉）。第二天捉了蒋介石，

改变了历史！

张先生说:"你不到东北不知道东北的大。"只有站在松江平原上,看着一望无际的大地,这才觉得自己的伟大。我能体会他的感觉,我自己在委内瑞拉的一个大草原上,看到一望无际的草原,才感觉到自己的渺小,对着长空洒了一泡尿,落在地上,溶入自然,这才释怀。这在东北可不行,张先生说冬天洒野尿,要带一根棍子敲打冰柱,张先生还说他在东北冬天打仗时,老要他的兵留一泡尿(规定要忍 40 分钟),步枪扳机冻住时,就洒热尿冲。南方来的兵不知这个诀窍,这边还在用冻僵的手弄冻住的扳机时,那边子弹就已打过来了。那时候都使单发步枪,那便能先开第一排枪,往往就能决定后来的胜负,尿尿可绝不是小事!

那时的"东北",是黑龙江、吉林、辽宁三省,加上热河的统称,面积共约 960000 平方公里,是日本国土面积(约370000 平方公里)的 2.6 倍。中央的盆地是黑龙江、松花江及辽河的冲积平原,150 公尺厚的黑钙土非常肥沃,面积大约350000 平方公里,差不多有整个日本一样大。边沿的大兴安岭和长白山脉几乎全被森林覆盖,地下有非常丰富的煤矿和稀有的贵重金属,东北三省煤矿,当时几乎占全中国的百分之六十以上,铁矿占百分之八十二以上(20 世纪 50 年代才发现东北有非常丰富的石油,当时开采后其产油量居中国之冠)。张先生说那时(1938 年前后)东北有 3000 万人口,比日本的人口(那时是 8000 万)少多了。

日本地小人多，资源贫瘠，可耕地很少，小农经济喂不饱大家，好在岛国海岸线很长，海产丰富，提供了健康味美的食物。但是大豆、高粱、棉花、木材和燃煤一直都靠从中国的东北进口。19世纪60年代，日本开始明治维新，由小农经济改变成工业国家，天皇有绝对权力，政策方面，信崇帝国主义，穷兵黩武，船坚炮利，成了列强之一。他们想：与其依靠中国东北的进口资源，何不干脆把那块地抢过来！后来蚕食鲸吞，真的动手了。

俄国也不是好东西，也想要中国的东北，把他们的疆土延伸到东太平洋，还要抢渤海湾的不冻港旅顺和大连。

我上小学读的教科书上说：日本像一条蚕，中国像一片海棠叶（那时外蒙古还属中国）。日本蚕食中国，才没有那么斯文！我说日本像一条豺狗，又丑又小！俄国像一只熊，又横又奸诈的丑熊。两个动物抢同一块肥肉，看看它们怎么下嘴。

日俄争食

1894年，第一次中日战争（甲午战争）爆发，次年中国战败，被迫签订中日《马关条约》，割让台湾及辽东半岛给日本。俄国联合英法出面干涉，改由中国出白银3000万两"赎回"辽东半岛。1896年，俄国以调解有功，获准在东北建东清铁路（西伯利亚大铁路支线），铁路西起满洲里，东经哈尔滨到海参崴，中段在哈尔滨向南贯穿东北到旅顺修一支线（长

春以南后来称南满铁路），俄国有经营权及护路权。1898 年俄国又强租辽东半岛的旅顺及大连港，租期 25 年。

1900 年，八国联军攻占北京，俄国乘机占领东北。1904 年 2 月，由日本强攻旅顺开始，日俄战争在中国领土上打了一年多（清政府在东北划了一大块地方给他们打来打去，自己声称保持中立。多么无奈！多么可耻！）俄国战败后把旅顺、大连的一切权利让给日本，东清铁路从长春到旅顺 700 余公里一段让给日本。这一段改称南满铁路，两侧 15 公里以内属于铁路范围，日本有治外法权、经营权、驻军权，并且享有财产及开矿权。

大帅张作霖

从 1900 年俄国强占东北，到 1905 年日俄战争结束，几年间战乱不断，东北农地废耕，民不聊生，剽悍的就当了土匪，于是盗贼蜂起，扰乱地方。

东北人大多数是从关内来的移民，高大的直鲁汉子，慷慨悲歌，性格剽悍粗犷，只有这种人才能扩地垦荒、闯关东。这个"闯"字就道尽了一切。这与早年美国的牛仔开发西部的故事，还真有点类似。东北女子身高腿长，不娇柔做作，也只有她们才能陪着她的男人"闯"关东。但是当他们的粮食被俄国兵抢走，被日本人征粮拿走，年轻人剽悍的就去当土匪，老实的就去当兵，都是为了吃饭。老的小的和妇女只能留在家里挨饿。

张先生说土匪抢商家抢大户和外国兵抢粮食一样，都是抢中国老百姓，他父亲张作霖不以为然，就拉起保险队去保护弱者。张作霖个子不高，北人南相，但是有东北人的剽悍粗犷，骑马打枪样样都精。张先生说他父亲直觉敏锐，最能把握时机，扭转情势为己所用，又读过几年私塾，认得几个字，是一个天生的领导人才。最初他拉了二十多人，十几支枪组织起一支"保险队"去保护村庄抵抗土匪，后来扩充到五十余人保护八角台大集。1902年张作霖接受盛京将军增祺收编，增祺问他为什么要来，张说为了升官发财；增祺笑问他有多少人，想当什么官？张说有250人（其实他只有50余人），想当个管带（营长），增祺说你只有这些人，只可以当个帮办（副营长）。张作霖得了这个头衔，回去后马上吸收了几股小土匪，包括后来一直帮他的副手张作相，凑了250人，一起被招安了。增祺很聪明，他知道张作霖只有50多人，但是他说有250人，多出来的兵就会由土匪变来，这一来就多招安了200个土匪。

张先生最爱讲他父亲"单枪赴会"的故事：1911年10月10日武昌起义爆发，各省纷纷响应，脱离清政府，宣布独立。革命党人蓝天蔚是新军第二旅协统（旅长），率部驻扎在奉天北大营，是那里唯一的驻军。东三省总督赵尔巽回到沈阳，得知蓝天蔚等革命党人正在酝酿起义，赶快表示自己即将入关：他要逃跑了。

张作霖接到在省城的张作相打探到的情报后，立率所部步、骑兵七个营到沈阳见赵尔巽"勤王"。军队驻防外地，没有命令就离开防地回省城可是大罪，但赵尔巽有了这支兵就敢留在沈阳了，张作霖的过错不提了，反而嘉奖他，令他带着他的七个营官兵，正式驻防沈阳。

那些革命党人想以和平手段达到独立的目的，便安排了与赵尔巽开会商讨办法，但并没有请张作霖参加会议。张作霖就自己一个人带了一把枪进去坐到赵尔巽的旁边，一声不响。开会时，革命党人主张东三省脱离清廷，宣布独立，但愿仍由赵尔巽任总督，蓝天蔚为军事首长。赵尔巽久久沉默，不发一言。张作霖突然站起来，把枪往桌子上一拍，说"我不赞成。"当时会场外面都是蓝天蔚的军队，张作霖是单枪赴会，哪知那蓝天蔚站起来就走了，回营后没有任何动静，他没种！不敢闹事。

赵尔巽是保皇派，没想到轻易过了这一关，回去后叫张作霖继续留在沈阳，还命他兼中路巡防营统领，统率十五个营的兵马。另外报请袁世凯把蓝天蔚调回关内去了。张作霖实际掌握了奉天的军权。

张先生说他父亲大半辈子跟日本人打交道，他软硬兼施，随机应变，但骨子里是中国人。

他说有一次日本兵杀了一个中国人，他父亲亲自去跟领事馆交涉，那领事随手写一张5000元奉币的支票给他父亲。他父亲回来后，叫士兵晚上去街上杀两个日本人。第二天日本领事来交涉，他父亲二话不说，开了一张 10000 元奉币的支票，交给那个领事。

日本人以南满铁路沿线为基地，派近万关东军入住，在沿途车站附近修建仓库，收购东北的大豆、高粱、棉花和木材，还有煤炭。先存入仓库然后由铁路运到大连港，由他们的海船运回日本。从收购到运输这些事都需要中国人帮忙。那时张作霖已是吉林省督军，日本人利用他的地位和部队去收购及运输这些物资，张作霖也利用日本人，做中间人赚钱。发财了！张先生说他父亲不扒地皮，不捞钱，他的钱是做生意赚来的，他也不准下面的人贪污①。他还向日本人要钱和武器，扩充自己的军队，在北洋军阀中的地位步步高升。1927 年 6 月 18 日，张作霖在北京就任北洋政府陆海军大元帅，升官了！实际控制东北、华北及上海。

郭松龄倒戈时，张作霖找日本帮忙，许以日本人在东北有开矿建厂权，还有移民权等。事后日本人要求签条约时，张作霖虚与委蛇，软磨硬泡装糊涂对付日本人。日本人干脆说，要把东北从中国划分出去，成立"满洲国"，让张作霖当皇帝。张作霖爱国，不签丧权辱国的条约，更拒当傀儡皇帝，因此日本人才下定决心要谋杀他。

---

① 黑龙江督军吴俊陞过年给张学良兄弟姐妹压岁钱，每人一张五千元银票。张作霖把吴俊陞找来大骂；他说给小孩子压岁钱，给几块就可以了！吴说他的钱都是张给的，张说："妈拉把子！你回去好好跟我做事，不要让老白姓骂我的祖宗！"

历史背景

北 伐

蒋介石于 1926 年 7 月 9 日就任国民革命军总司令，誓师北伐，北伐军以两广为基地，出发时只有 8 个军 10 万余官兵，第一军由黄埔军校学生组成，其他各军是地方势力程潜、李宗仁、唐生智、张发奎、李济深等的部队。黄埔各期的毕业生也被分配到各军，担任师长以下的带兵官和政治指导员。黄埔军校是国父孙中山先生在国共合作的前提下创立的，目的是培养一批以效忠国家民族为目标的革命军官。黄埔军校教学军事与政治并重，蒋介石当校长，周恩来当政治部主任。学生们也大致一半信奉三民主义，一半信奉共产主义（爸爸是黄埔四期的，那时思想"左"倾），但都是有高中学历的知识分子，有主义有信仰的热血青年。

那么各地军阀的官兵信什么呢？他们是为了"吃饭"！军阀混战时期，农民废耕，为了吃饭只有去当兵，或者当土匪。当兵的几年没有被打死，就升成官。他们是为了求生存才去当兵的，打起仗来自然是先求保命。可是黄埔军人有信仰，打起仗来肯拼命！爸爸就是在北伐军里当政治指导员，教大家去拼命的。

北洋军阀以张作霖为首，奉系控制东北四省、华北和上海，有三十五万部队，吴佩孚控制华中华南，有三十万部队，孙传芳控制华东有二十万部队。

北伐的革命军的战略是各个击破，先打吴佩孚，再打孙传芳，最后打张作霖。

打吴佩孚时是一比三，但黄埔军人有战术，敢冲锋。中共叶挺的独立团打先锋，势如破竹，所向无敌，被誉为"铁军"。革命军于1926年9月10日占领武昌，只用两个月就消灭了吴佩孚的军队。

打孙传芳是一比二，但革命军士气旺盛，1926年11月4日攻克南昌，孙军大溃，精锐尽失。加上中共在上海发动三次工人武装起义，里应外合，北伐军于1927年3月22日占领上海，24日占领南京。

在第一次国共合作时期，革命军以少击多，只用了8个多月就消灭了两个军阀50万大军。可是接下来国民党却来了一个"清党"，直接导致国共关系破裂。

1928年1月4日，蒋中正的军队继续北伐，打到河南后，西北的冯玉祥和阎锡山参加了北伐阵营，北伐军兵力增加了六十万人。

北伐军攻克上海、南京后，孙传芳不甘失败，与军阀张宗昌组成直鲁联军反攻南京，张作霖也派兵入河南，威胁武汉，但被冯玉祥及阎锡山打败。

1928年6月初，革命军进军北京，张学良不愿打内战，让他父亲退回东北。张作霖安排张学良负责部队撤退，自己于6月4日乘京奉铁路专列回沈阳，在京奉铁路与南满铁路交叉的皇姑屯，张作霖被日本人预埋的炸药炸成重伤，用汽车送到沈阳后，因失血过多，几小时后就逝世了。

历史背景

少帅张学良

张学良化装潜回沈阳，密不发丧，在两周之内，用张作霖的名义下了许多命令，把东北的军政大事安排妥当。1928年6月19日才公布大帅之丧。张先生说他是假传"圣诣"，他会写他老爸的字，又有他的图章。但他可没假传"遗诏"，他接张作霖的位子是东北参议会选的。

1928年7月3日，年仅28岁的张学良继任东北保安总司令，统治东三省。日本人杀了老的找小的，关东军的特务头子土肥原是张学良的顾问，他用"王道论"来说服张学良当"满洲国"的皇帝，张学良不高兴，要求日方撤换土肥原，日本人说派顾问是按照条约规定，由不得张学良。张说你不能换人，我可以不理你，此后根本不接见土肥原。日本没法，田中首相就派外交老手林权助来见张学良，要他当"满洲国"的皇帝；大道理、利害关系、布置和步骤说得头头是道。张学良说你想得非常周到，只是忘了一点，林问哪一点，张学良说："你忘了我是中国人！"

东北易帜

1928年7月3日，张学良接替他父亲的位置，统治东北。但是他深知日本人的野心和厉害，内部有杨宇霆人等牵制，自己对付不了日本人，最好是和蒋介石站在一起。当年12月27日，张学良宣布东三省易帜，服从南京政府。蒋介石不费一兵一卒，得到东北和四十多万东北军，名义上统一了中国，可谓喜从天降！更高兴的是，他得到一位年轻有为的少帅来归。

张学良易帜时，杨宇霆拒不参加典礼，这之前他还与常荫槐合起来干预张学良的军政改革，张先生早已心中不满。1929年1月10日，杨、常一起拿了任命常荫槐为东北铁路督办公署督办的便条，硬要张学良签字，张先生忽然眼泪鼻涕齐流，说："不行！不行！烟瘾来了，你们晚上再来签字。"杨、常见惯了他发烟瘾，走了。张先生当即在老虎厅外埋伏警卫，晚上杨、常再来，侍卫长请他们进老虎厅，说司令马上就来，出去时把厅门关上。此时窗口伸出了一排长枪，把两人乱枪打死（此可称"张学良烟遁杀二士"）。这之后张学良才真正掌握了东北的军政。多年后张先生吃饭时跟我们说，他杀杨宇霆的原因是："他可能取我而代之。"（这句话我没有在别的地方看到过。）

中原大战

北伐胜利后，汪精卫联合不满蒋介石的军阀冯玉祥、阎锡

山、李宗仁等，于 1930 年出兵反蒋，双方动员共约一百多万人，在中原打了几个月的仗。张学良一直观望，直到 9 月 18 日，他才通电支持蒋介石，并领兵入关调停。冯玉祥、阎锡山退回他们的老家去了，石友三投降中央，张学良又帮了蒋介石一个大忙。

天之骄子

因为张学良的东北易帜和中原大战，国民政府在形式上统一了中国。蒋介石请准国民政府于 1930 年 10 月 9 日任命张学良为中华民国陆海空军副总司令，晋升一级上将，任东北边防司令长官。1931 年 4 月 18 日，张学良在其北京私宅（大帅府，原顺承郡王府，大帅用 15000 银元买的）设副总司令行营，受命节制河北、山西、察哈尔、绥远、辽宁、吉林、黑龙江、热河八省军务。但是政务等于也由他管。已是中国第二号人物的张学良，人称少帅。他独担"一方"，这个"一方"的面积跟整个西欧一样大。

童言无忌

张先生常爱讲他当"小旅长"前后的故事。

张大帅一心要培养张学良将来接他的位子，18 岁时叫他去考保定军官学校，张先生那时只想当医生，考军校没怎么上心，结果考试时交了白卷，还出了一点小丑，他还一直当笑话讲。

张学良后来考取东北讲武堂是凭真本事，毕业后就授阶炮兵上校（所有军校毕业生都是先当少尉），在老爸的警卫旅任第二团团长，不久吉林省闹土匪，土匪是热河来的，有七八百人，四五十匹马，他们狡兔不吃窝边草，来吉林"打草料"。吉林省长向奉天要求派兵剿匪，张作霖认准这个好机会，想训练儿子学打仗。给他的警卫团加配一连骑兵（一百多匹马兵），一连炮兵，一个机枪连，还有工兵、辎重各一排，组成一个加强团，有一千多装备精良的官兵。

那股土匪是热河的一股悍匪，小头目以上都有德制

的驳壳枪，又称盒子炮，枪管长，口径大，可以连发20发子弹。小喽啰们都有一支长枪，打家劫舍通常没遇什么抵抗。他们"出草"走得不快，骑马的要等走路的，那些马主要是回程时背抢来的东西。有一天，双方接近了，土匪的肉眼还没看清楚对面的人，张学良已用望远镜看到了土匪，他指挥若定，下令先发几发炮弹越过土匪头顶打后面，随后下令机枪连打一排枪到土匪的脚前，土匪们都吓傻了！然后下令骑兵冲锋，一百多匹马飞奔而出，一百多支盒子炮一起连发，那些土匪哪里见过这种阵仗！大寨主以下50多个有马的骑了马就跑了，丢下了几百喽啰。那些没有马的都投降了，不做土匪，改作吃

粮拿饷的东北军。张学良一举消灭了一股悍匪，觉得自己是个将才。

吉林省长马上向张作霖报喜，称赞张学良是天生将才，这个溜须（拍马屁）时间恰到好处，张大帅龙心大悦。

张作霖等他儿子回来后，马上升他为警卫旅少将旅长，张学良有自知之明，他向父亲要他在东北讲武堂的教官郭松龄来他下面当团长。张作霖欣然答应，他有知子之明，跟儿子说：我把郭松龄交给你了。又跟郭松龄说："我把儿子交给你了。"张学良二十多岁就当了少将"小旅长"，他没有跟我们说是官小或是人小。

一鸣惊人

1924 年 9 月 15 日，张作霖以反对直系发动江浙战争为由，出兵共计约十五万人，分两路向山海关、赤峰、承德发起进攻。曹锟任命吴佩孚为讨逆军总司令，调集四个军及后援军、海、空军共约二十万人应战，第二次直奉战争爆发。

奉军在热河战场进展顺利，到 9 月 30 日已连克朝阳、开鲁、建平、凌源，10 月 9 日又占赤峰，战事重心移向山海关主战场。

张学良任总指挥的部队主攻山海关至九门口一线。联军第一军团军团长：姜登选，副军团长：韩麟春；第三军团军团长：张学良，副军团长：郭松龄。一个军团有三个师（那时称旅），两个军团共有约 60000 装备精良的步兵和炮兵，另外配属空军两个大队。

张学良令副手郭松龄指挥第三军团正面攻打山海关，令第一军团负责攻打九门口，由副军团长韩麟春领兵攻城。张学良和姜登选"在后头组织司令部"。所以当年事实上张学良等于总司令，姜登选等于是他的副司令。

1924 年 10 月 17 日，郭松龄指挥奉军第三军从山下向直军据守的山海关前三道关要隘发动进攻。奉军首先驱赶数百匹马踏破直军地雷阵（那时没有保护动物的观念），然后用手榴弹炸毁了一道直军布设的电网，继而在炮兵掩护下仰攻头道关。奉军虽然仰头上攻，但大炮多、炮弹多，一时间弹如雨下，守头道关的直军抵挡不住，退至二道关坚守。

山海关，城内是秦皇岛市区（现在城外也是市区了），城外不远就是高山峻岭，要打进山海关先要向上冲过三道关口才能兵临城墙下。

张学良说："我们没有打下来山海关，我们死了很多人，攻坚啊……我们去攻坚的时候，有一个团呀，差不多整个全灭了，攻的叫二道关。"

打不下山海关，张学良当机立断，命令郭松龄带着第三军团去九门口协助第一军团的韩麟春攻打九门口，山海关正面只留下一个旅，旅长是阚朝玺（张先生说这个人是他看不起的，后来当了汉奸）。张学良说："假如吴佩孚能看明白，他要搁（从）山海关打出来啊，那我们就完蛋！……他就死守那个

山海关。所以我就看不起吴佩孚，他要是能指挥，早就打出来了。"

山海关离九门口只有 15 公里，但是从长城外沿着一条窄小弯曲的的山路可走，至少有 50 公里，郭松龄的队伍走了一天才到。第一军团的韩麟春看到郭松龄带兵来了，以为是来抢功，郭呢？并不情愿来"助攻"，两位副军团长吵了一架，郭松龄领着他的部队就由原路往回走。

张学良得信后打电话给走回头路的郭松龄，郭两次挂了他的电话，张学良就黑夜骑马，走了 45 公里去找郭副军团长，找到后跟他说："茂宸……我是你的学生，但是我现在是你的长官，我命令你回去，要不你一枪把我打死。"郭松龄哭了，说："我很惭愧没有打下山海关，现在又要去帮别人……，现在我只求一死！"张学良说："那就好了……你现在决心一死，你去战场上死去，你拼命往前打！那你不是又给我挣了面子，你也得了好死吗？你死在战场上好不好？"。郭点头说："好！"下决心拼死命了。天亮后郭松龄带着他的部队又走回九门口去了。

郭松龄第一天带部队由山海关走去九口门时，一万多人沿着一条山路鱼贯而行时，被直军在高处看到了，又是人又是马，又是机关枪又是炮，半天才过完，已经吓了个半死。谁知第二天又来了一万多部队，又是人又是马，又是机关枪又是炮，半天才过完。他们不知道那是同一批人马，白天走来，晚上走回去了，第二天白天又走回来。吴佩孚先吓跑了，所以等郭松龄不要命地打进九门口时，直军夹着屁股往回跑，边跑边回头打两枪，奉军跟着后面死追。一直追到山海关内（这次是从长城内侧绕回来的），把山海关及秦皇岛包围了（别忘了关外还有一旅奉军），一路死人满山满谷，尤其是山海关秦皇岛一带死尸铺了满地。直军没有被打死的都投降了，奉军的一个团就俘虏了一万多人，张学良说那个团长来要求增援，理由是他俘虏的人不要说拿枪打，拿嘴巴（张先生如是说）都能把他们打死。

仗打完了，张学良去山海关视察时，监军张作相用手捂住他的眼睛，叫他不要看（我猜他是怕这位小将军会心软，以后不打仗了），张将军骑在马上，老早就看见了一片死人，很多是自己带来的兵（作者按：张先生那时心中种下了厌恶内战的种子）。他后来说，打死的将领都是最优秀的（例如二道口攻坚的那个团长），没用的反而没死（例如留在山海关外的那个旅长）。

占领秦皇岛之后，张学良领军占领天津，1924年11月，张作霖改编津榆驻军，设司令部于天津，命张学良任司令。此前直系大将冯玉祥在北京发动政变，跟张作霖联合起来，改组了北洋政府，后来张作霖到北京当了北洋政府的实际领袖。

这一仗24岁的张学良打垮了吴佩孚，瓦解了直军，替他老爸打下了半边天下。真是一鸣惊人，在奉军中树立了威望。

他还自创了两个媲美孙子和诸葛亮的妙计：在打山海关时，他把部队调去打九门口，只留下一个旅在山海关门外，这

历史背景

是反唱"空城计"！在派郭松龄去九门口时，同一队伍同一条路走了两次，直军数人数数了两次！这一计无名，姑且称为三十六计之外的三十七计："一变二"。

张先生晚年说：那次是意外大捷，他相信不是人力，是天力。我想原来的几个当事人，当时的决定，对也好错也好，动机为公也好为私也好，阴差阳错，就造成了那一段历史。原来历史是人造成的，偶然中造成的，这个就是天意。

国际扬名

1925年5月30日，上海租界发生震惊国内外的"五卅"惨案，起因是日租界的日本纱厂压榨中国工人。共产党组织学生及工人声援罢工工人。先是上海学生两千余人在租界内散发传单，发表演说，并号召收回租界，被英国巡捕逮捕一百多人。当天下午，共产党发动万余群众聚集在英租界巡捕房门前，要求释放被捕学生，高呼"打倒帝国主义"等口号。英国巡捕下令开枪扫射，打死打伤数十人，逮捕一百余人。

6月1日，在共产党人蔡和森、李立三、刘少奇等人领导下，成立了上海总工会，并宣布罢工，鼓动学生罢课、公共租界的商人罢市。（英租界的华籍巡捕也罢岗，到底是中国人！）6月7日，由上海总工会发起成立上海工商学联合委员会，提出取消领事裁判权、惩凶、赔款等要求。

从5月30日至6月10日，英、日又杀害中国民众60余人，重伤 70 余人。东北军的淞沪戒严司令邢士廉宣布上海戒严，禁止民众集会、结社和游行示威。

英、美、意、法等国在上海港军舰上的海军陆战队全部上岸，占领上海大学等校舍。

那时在天津的津榆驻军司令张学良得到张作霖的认可，出兵上海调停。他先派教导团官兵 2000 人由天津乘火车去上海。教导团是东北军中坚，武器装备、战力技能、文化素养均属军中翘楚。6 月 8 日，教导团从天津登车南行，一个个年轻英俊，一身崭新的军装，枪支雪亮。到了上海后，这支队伍步伐整齐地在大街上走过，市民围观欢呼，还奉令"顺便"经过租界门口，让外国佬看看他们的军容。张学良事先交待现场指挥官，亮亮相即可，不要引起误会。

10 日晚上，张学良偕随员及手枪队 50 余人从天津出发，13 日上午 9 时，上海北火车站车水马龙，军乐高扬，是张学良的专车到了。上海军警政要、各界名流、学生及工人代表，聚集站台迎候。着笔挺军装、佩中将领章、气宇轩昂的张学良出现在车厢门口，向欢迎人群行礼致意。他一下车，就向各报记者说："鄙人此次来沪，是为调查'五卅'风潮，藉悉底蕴，本爱国之忱，维护治安及同胞之权益。"

刚到行辕即有法国领事求见，表示愿意参与调停"五卅"风潮。送走法国领事后，随从把一叠请柬送到张学良手里，都是宴请，是各国驻沪使节、上海军政长官及各界闻人发的。当时东北军的势力已扩展到山东、安徽、江苏、上海，张学良成

了各方逢迎对象。洋人也知欲维护在上海的利益，必须与张学良搞好关系。聪明的张学良对宴请一概拒绝。

接着张学良跟学生们及工会开会，他们提出了惩办凶手并赔偿、取消领事裁判权，永远撤出驻沪的英、日等帝国的海陆军等条件。这些是共产党的条件，想把不平等条约一下就取消。

除了惩办凶手并赔偿一项外，其他都是国对国的外交事件，要打仗，打胜了才能得到的。张学良聪明务实，他只集中在恢复租界秩序、惩凶赔偿等地方事件着力，与各国领事进行谈判。

更聪明的是，谈判时请了宋美龄（她那时二十多岁，才从美国回来，还不认识只是上校的蒋介石）做翻译，英雄美人，绝配！当然，老外不是傻瓜，没有枪杆子是不行的。张学良就把教导团的一个营移驻曹家渡，并向报界声明：遣一营官兵驻防租界附近，随时可以进入租界。

交涉过程中，有个英国人以瞧不起的口气说，"你只有几千人，能对付在上海的帝国军队吗？"张学良一拍桌子，说："我一个电报马上可调来二十万军队！"这一拍镇住了英日领事，赢得了宋美龄的芳心。（作者按：这一拍救了他自己的命，年龄相若的宋美龄，目睹张学良与外国人打交道时应付自如，惊堂一拍，多么英雄。很可能她对这个豪气高扬的热血汉子生出极大的好感。）她后来虽然嫁给了蒋介石，但这一段情救了张学良一命；西安事变后张学良被软禁，蒋夫人卫护和照顾张学良一辈子，让他过得好，没被枪毙！人和人的关系多么微妙？大人物之间一段情（例如宋美龄、张学良之间）、一次见面的彼此赏识（例如周恩来与张学良在西安事变见面时）改变了历史！

枪杆子好说话，加上这次事件错在英国人和日本人，他们还没有接到上峰命令要扩大事端，就借张学良这个台阶下了。答应了惩凶赔偿等要求，恢复了租界的秩序。

慈禧太后以来，中国办外交占上风的只此一次，张学良替中国人出了一口气！

张司令于 6 月 22 日风光回天津，从此扬名国际。

郭松龄倒戈

张学良二十多岁当警卫旅旅长，他把治军打仗的事都交给了郭松龄。郭松龄身材高大，聪明过人，自持清廉，治军严谨，赏罚分明，一身正气。他成了张学良的诸葛亮。有一次，有一个仗要打，就由郭松龄带了全旅去前线，有天晚上郭打电话给张学良要求增兵，张无兵可派又不愿去打扰他老爸，怎么办？去睡觉！第二天醒来，没事了，郭松龄已打胜了。后来张学良步步高升，1925 年已当了中将军团司令，驻扎在关内，郭一直当他的副手，指挥他的军队。

第二次直奉战争之后，张作霖论功行赏将山东督军给了张宗昌，江苏督军给了杨宇霆，安徽督军给了姜登选，而贡献最

历史背景

大的郭松龄却什么位子也没得到。他向张学良抱怨，张去向他父亲说情，要求也给郭松龄一个地盘，张作霖骂道："他当督军，你当什么？你小子等不及了？"张学良回来跟郭松龄说："他的位置将来都是我的，你帮我，将来你还怕吃亏吗？"郭松龄心高气傲，看不得不如他的同僚位子比他高，性子又急，不是那忍以待时的人。

加上郭松龄不满老帅让日本人占便宜，而专跟中国人打内战。1925年11月21日，郭松龄通电倒戈，反对内战，要张作霖下野，由张学良接替，奉军各将领都通电拥护。张作霖打电报给张学良，称他为"张汉卿先生"，说军队都推你做主帅，我让给你就是。张先生难过得要跳海，即只身去滦州见郭松龄，以长官的身份命令他撤兵，说你如不撤兵就一枪打死我。郭没打死他，带着他的几万大军出关，打下锦州，到了奉天附近。张作霖派出的几万军队也没挡得住。张作霖心灰意冷，把帅府的贵重东西用几十辆卡车搬运到南满铁路的仓库里，自己准备逃往大连。这时接到张学良从兴隆站打来的电话，张作霖问你小子不是跑了吗？张学良说我正在巨流河准备打郭松龄，我跑了就不是你的儿子，我倒是听说您跑了，张作霖说我跑了就不是你爸爸，你跟我好好打那郭鬼子，我全力支持你，并正式任命张学良为前线总指挥。张学良带了那些没被郭带走的官兵去堵已快打到奉天的郭军。他们师生在奉天附近的巨流河隔岸对阵时，郭松龄下令给旅长让他们进攻，旅长们不接受命令，郭直接下令给团长，团长们也不听令，说我们怎能跟他

（张学良）打呢！那时代军人讲忠义！

这时忽然日本军队参战，截断了郭的后路，还派飞机袭炸郭军。原来日本人与张作霖有了口头协定，除了保障帝国在东北已有的特权之外，还准许开矿、设厂、移民和筑港等，日军就帮助打郭松龄。

郭松龄瞻前顾后不知所措时，一个忠于张学良的士官临门一炮，解决了问题。这是张先生在吃饭时跟我们讲的，他说郭松龄的司令部设在一列火车上，停在路轨上的数节列车都装满了重兵器和弹药，有一车厢里装了一门大口径的长程炮和炮弹，郭的指挥中心则设在最后一节车厢里。有一个老士官忍不住了，拿了一颗炮弹装入炮口对着后面的炮管一拉火线，"轰"的一声那炮弹就穿个几个车厢，最后从郭松龄和他太太韩淑秀坐的车厢后门穿堂而过，把车窗的玻璃都震炸了。还好他们没有坐在中间，两人吓得落荒而逃，躲到车站附近的农家去了，后来被抓住了。张先生还想私放了他们，让他们出国，但被郭的政敌杨宇霆假传张作霖的命令，就地枪决，并停尸三日。

老虎有牙

郭松龄死了，他倒戈的叛军原来都是张学良的奉军第三军团（只有张学良的警卫旅跟着他没有反叛），张学良不追究跟着郭松龄叛变的官兵，但是他的部下说叛就叛，不叛就没事，那他以后怎么带兵？得杀几个带头的！

历史背景

　　我的一位高中同学杨垂统，讲了他老太爷杨业孔将军亲身经历的一个故事：

　　杨兄说他父亲中学时为了"吃饭"十几岁从家乡山东闯关东，进了东北讲武堂，毕业后被分到郭松龄的警卫旅任职，他去旅部报到后，被派为少尉参谋。有一天旅部要开会，杨参谋带了勤务兵帮忙安排会议室，然后刘旅长（郭松龄的心腹，倒戈的第一把帮手）带着十几个高级军官来开会，叫杨参谋出去，只留下一个勤务兵打杂，杨退到门外的警卫室值勤。不久后看见来了一排同一番号的士兵，从大门外进旅部来参加"开会"。杨老伯跟杨兄他们说：当这一排人经过时，他感觉到一股寒气，再看他们，每人背着驳壳枪，步伐整齐，目不转睛，满脸杀气。他看见一位校级军官带着这些士官进了旅部，然后就听见一阵枪声，然后这一排人就出来了，步伐整齐，目不斜视地走了。杨参谋还有其他的军官慢慢地进了旅部会议室，一看，不得了！从刘旅长以下，所有开会的军官都被乱枪打死了，（杀光郭松龄倒戈的主要帮手，杀鸡警猴！）还有一个倒霉的勤务兵。看来这些来整队进去"开会"的人没有开口，也没有给别人发言的机会！只用枪弹讲话，派他们来的将军下的命令一定非常简单明确。另外一点，"满脸杀气"不只是形容词而已，原来是能看得到感觉得到的！

　　全旅没去"开会"的中下级军官也开了一个会：大家聚在旅部外操场上，你看我，我看你，没有人当主席，没人发言，大家转身就出了营门。到底是军人有决断，都跑了！

全旅士兵没有来得及跑，因为外面已经被包围了，没事！这些士兵没罪，也不是逃兵，只是换一些新的长官。主持这次行动的将军，情报准确，计划周详；派来收网的部队故意迟来一点，让那些心虚的军官有时间变成"逃兵"，也让有些军官可以不跑，以表忠心。那么逃走的军官怎么抓回来？在野地里一个一个抓？太麻烦！还是会有漏网的。

杨参谋还有那些走出营区的军官，不约而同地都走到了附近的火车站，都上了火车，赶上了班车，可是等了许久火车不开。最后不知从哪儿冒出来一大批荷枪实弹的兵，把所有在车厢里的军官都抓回去了。

第二天，这些被抓回去的军官，都一起受军法审判，大家在一间军事法庭里坐了好几排，官大的坐前排，一位姓莫的军法官主审（没有陪审官）。一个一个叫上去受审，他问："你是不是从火车上抓回来的？"如果回答"是"，再问："你是奉命出差，还是请假离营？"如果"不是"就是"逃兵"，判决是"枪毙！"如此一个一个被宪兵带出去了。

杨兄的父亲那时只是少尉，坐在后排，他聪明沉着，看那位军法官脸熟，想起了原来是他在东北讲武堂一位莫同学好友的父亲！轮到他被叫上去时，他先开口："莫伯父，我是莫××的同学好友，前一阵我还在府上跟您一起吃过饭。"莫主审看了他两眼，见他身材高大，相貌堂堂，又那么年轻！当下说："无罪释放！"杨少尉回来后，马上回山东，后来到另一军阀孙殿英下面去任职，不识字的孙殿英后来推荐杨伯父去考黄埔

历史背景

军校（改称陆军官校但仍承称黄埔第十期、十一期等），日后升到陆军中将，是蒋介石的军事智囊。

田中奏折

1927年6月至7月，日本政府召开"东方会议"，讨论并确定了侵略中国的具体方案，由日本首相田中义一起草了一份秘密奏折给天皇，制定《对华政策纲要》（即"田中奏折"）。奏折内称："欲征服中国，必先征服满蒙；欲征服世界，必先征服中国。"

"九一八事变"

张先生对日本人是又恨又怕，他最崇拜他的父亲张作霖，但是张作霖大半辈子与日本人斗争，最后还是死于其手。张学良将军在1928年主政东北后，整军经武，安定内部，杀了杨宇霆和常荫槐，整顿东北军到30万人，还建立了中国最大的海军，目的是对付日本人。

但是张学良在自认准备好之前，他对日本人的政策是"忍"，日本人把误入南满铁路禁区的中国人塞进火车头的火炉里烧死，他忍了；日本兵在中国站岗卫兵的枪把上擦洋火点烟，他忍了；在长春万宝山，中国农民与朝鲜侨民因为农田引水争执，日本武装警察用机关枪扫射中国农民（即万宝山事件），他忍了。1931 年 6 月 6 日，日本关东军中村震太郎大尉及其同伴在大兴安岭索伦一带进行间谍活动，被我军发现并予以逮捕，从其供词中还证实其为日本参谋本部所派，并有大量物证。团长关玉衡果断将其处决。日本借机大肆搜查，日本右翼团体也在日本民众中煽风点火，活动政界，借此"中村大尉事件"将战争推到了一触即发的境地，张学良也不上当，忍了。 1931 年 9 月 18 日，日本关东军分遣队长河本末守中尉和他的一队士兵，把南满铁路炸了一小段，说是中国人干的，关东军炮击沈阳北大营，他也忍了！他以为那也是日本人多次故意挑衅制造事故的故伎之一，所以下命令北大营的一万多守军不抵抗。

谁知一夜之间，沈阳全面陷落。与此同时，9 月 18 日夜，日军在南满铁路沿线展开全面攻势，19 日乘火车先后攻占沿线的营口等十八个城市。（火车开到哪里就占领哪里。） 19 日凌晨 4 时，日军向长春发动总攻，中国守军奋起抵抗，后在吉林省军参谋长熙洽的"毋须抵抗"的命令下，含愤撤退。当日22 时，长春失陷。

长春沦陷之后，吉林形势紧张。当时熙洽掌握着吉林的军政大权，他公然投敌卖国。9 月 20 日，向日军投降，21 日下午，日军一弹未发占领了吉林。

9 月 24 日，关东军占领洮南，妄图占领黑龙江省，但遭到省主席马占山的坚决抵抗，由于力量悬殊，中国军队于 11 月 18 日撤往海伦。19 日，付出相当代价的关东军侵入齐齐哈

尔。至此，日军侵占了辽、吉、黑三省省会。在东北只有锦州和哈尔滨未被占领。

1932年1月28日，日本关东军由长春向哈尔滨进军，1月31日，依兰镇守使兼第24旅旅长李杜率吉林自卫军与日军激战五天后失守。

张学良在"九一八事变"爆发后，已命属下转移到锦州。

12月15日，关东军进攻锦州，1932年1月3日，占领锦州。驻锦州的东北军第12、第20旅和骑兵第3旅已奉命撤退至河北滦东地区和热河。

守不住热河

1933年2月21日，日军出兵攻打热河北部，当时日军的部队加上伪军只不到10万人。负责守热河的张学良的东北军就有20多万人，再加上中央军和各省的援军不下35万。热河到处都是丘陵和山地，易守难攻。张学良把热河省省主席汤玉麟部的部队和东北义勇军共约7万人放在第一道防线抵抗日军。汤玉麟自己躲在承德城内，叫义勇军守城外。张学良只派出东北军4万多人守第二道防线，守在承德和长城之间，其余部队都留在河北驻防。

汤玉麟是张作霖的把兄弟。腐败无能，年老昏庸。在他控制热河的几年间倒行逆施，穷凶极恶地搜刮老百姓，搞得天怒人怨。一部分老百姓实在活不下去，反正左右都是一个死，纷纷起义抵抗暴政。汤部东北军除了害民以外，毫无战斗力可言。

东北义勇军大部分都是原来的警察、爱国老百姓，还有土匪。他们的装备和素质都差，其中几万人都是在东三省打游击被日军打败后撤退到热河省的，元气还没有恢复，何况群龙无首，各干各的。日军一支一百多人的骑兵侦查队竟然摸到了承德。

汤玉麟一看情势不好，马上指挥他的部队把张学良住前线运送军火的 200 多辆卡车截下，丢下军火，装载他多年搜刮的财富包括鸦片烟，全部运往天津租界，自己也带着家小一起逃走。城里的兵逃的逃，降的降，承德很快就被日军占领了，而占领承德的是 128 个日本骑兵！顺便说一句：他们的队长是日本陆军大学毕业的高材生，城府很深，文武双全的中国通。

日军迅速逼近东北军二线阵地，日军大部队由承德南下。张学良的 4 万东北军没有炮弹（东北军的优势是有自己的兵工厂，能制造 150mm 的大炮和大量炮弹，这次南撤的军队，虽然带了大炮及炮弹，但是炮弹头两天就打光了），打不过日军（他们的大炮和炮弹可能也是沈阳兵工厂三年内制造的），张学良来不及调兵支持，结果日军 10 多天就占领了热河全省。

从 1931 年 9 月 18 日起，张学良三天之内失去了辽宁、吉林两省会及大部分城市，两个月内丢了东三省大部分，只剩下辽宁的锦州和哈尔滨。1931 年 12 月 15 日至 1932 年 1 月 3 日，半个多月失锦州。1933 年 2 月 1 日至 3 月 4 日，十几天丢了

历史背景

热河，至此丢了整个东北 96 万平方公里的国土。

热河失守，华北危急，全国舆论大哗，纷纷唾骂张学良是"不抵抗将军"。

张学良是一帆风顺的天之骄子，目中无人（只有他的父亲），是爱国爱民爱自己的热情汉子，是被大家宠着长大的，从来没有被人骂过，哪能甘受全国人的唾骂？也不能完全原谅自己的错误！张先生自怨怨天之余，捅破天也要重整声誉，找回面子，这种下了西安事变的种子？

张学良对付日本人的办法一向就是"忍"，大事化小，小事化了。张学良在他的口述历史中说，那时不抵抗的命令是他下的，是他的判断错误。他说如果那时知道这个事情化不了，他的处置就不同了。他还说所谓"不抵抗"是他自己的事，蒋公（介石）没有给他指令，也没有电报。①

但是对"九一八"，还是有很多别的说法，其一是蒋介石曾在石家庄口头告诉张学良，不要抵抗日军，其二是蒋介石在"九一八"前一个月给张学良的电报如下：

无论日本军队此后如何在东北寻衅，我应予不抵抗，

---

① 作者按：张先生下令北大营守军放下武器时是 1931 年 9 月 18 日，他是根据当时的情报，作了自己的判断，下了命令。每个人做任何的事都是这样的，如果张先生像很多人"事后有先见之明"，所谓"九一八事变"就会不同了。此外，张先生也不必说蒋介石没有下命令"不抵抗"，他说这话时是 1990 年，他已完全自由，蒋介石和蒋经国都已过世多年，90 岁的老人不必说假话。

力避冲突。吾兄万勿逞一朝之愤，置国家民族于不顾。希转饬遵照执行。1931年8月16日。（即"铣电"）

不论谁下的不抵抗命令，东北那么快就丢了，其原因和真相，历史会有交代。但在当时，全国大哗，口诛笔伐，都归罪于张学良一人。张学良只好引咎辞职，黯然离国。保卫长城以南的战事就由中央军的何应钦接替了。①

出国考察

1933年3月4日，热河失守，3月9日，蒋介石在保定见张学良，暗示张辞职下野以平民怨。3月11日，张学良引咎辞职，通电下野。1933年4月11日，带了张太太和四小姐由上海乘船去欧洲考察，黯然离国，也不知道这一去会多久，能不能回来？他们先到意大利，意国元首墨索里尼对他礼遇有加，送了张学良一个德国制照相机（就是张先生后来收集的五十几个照相机中的第一个），并且派自己的女儿出来接待两位女眷，张先生脸上才有了点笑容。

---

① 作者按：至2014年中，西安事变当事人张学良、蒋介石及宋子文的日记都已解密，数据齐全，应该不会再有被埋没的真文件出现。关于"九一八"的真相和原因，希望有资格的历史学家，现在可以全面地深度解析，客观地表示意见，给一个定论。

张学良吸毒及戒毒

1926年8月至1933年年初，张先生吸鸦片烟、打吗啡针，出国之前，戒除了他的毒瘾。

张先生第一次吸鸦片烟大约是1926年8月，在《张学良口述历史》里，他说："我吃鸦片烟，完全是因为作战。我跟鸦片烟第一次接触，第一次抽鸦片烟是因为我发火了，发气了。打仗，我的部下要求退却！"他说的"打仗"，是他和韩麟春一起在河南郑州打冯玉祥的国民军。

后来他烟瘾越来越重，直到1928年他父亲张作霖被日本人炸死，伤心之余决心戒吸鸦片烟，杨宇霆介绍注射一种日本进口的针药，果然戒瘾止痛，只是那针药含有海洛因，打久了上瘾，张先生开始打吗啡针，越打越多，一天之内需要注射多次，即使在接见宾客、举行宴会的时候，每隔一段时间也必须离席入内注射（最重时每半个钟头就要打一针）。1930年，张学良任陆海空军副司令兼东北边防司令长官，驻守北平，有一次，国民政府行政院长汪精卫到北平看他，张学良强打精神陪汪谈话，勉强支持了一个多小时，请汪精卫稍坐，他进屋去打针后出来陪客。汪精卫认为张学良摆架子，从此与张结怨。

1931年"九一八事变"后，张学良毒瘾越来越深，负责守热河时，陪宋子文巡视部队，每40分钟就得停车打一针吗啡。1933年3月11日，张学良下野后，悄然南下，住在上海法租界。他决心在出国之前戒除毒瘾。那时他的胳膊、大腿上打针的瘀痕累累，肌肉铁硬，有些地方钢针都插不进去。

戒毒成功

杜月笙（上海青帮老大，与蒋介石、戴笠关系密切，与张学良一见如故）把法租界福煦路181号已关闭的赌场装饰一新，请张学良入住。宋子文请了美籍德国医生米勒来住所专门替他戒毒。第一天，米勒先替张学良灌肠，给他服了麻醉药，使他安静入睡。次日，米勒观察反映，见他居然若无其事，这不是一班戒毒人的反应，米勒想不通，找来随从询问，一个人建议米勒博士给少帅换床单，米勒明白了，仔细检查床铺，发现被褥、床单、枕头等隐秘处都有药片，原来是张学良的私人医师偷偷放的。米勒又规定了一条：任何人不得擅自进入病房。

米勒医生采用了"以毒攻毒"的方法。先是从患者肛门输入麻醉药及其他药物，使之沉沉入睡；待麻醉药渐渐失去镇痛效用，病人肠胃里开始翻江倒海，胃壁痉挛，腹痛难忍，由此引起强烈的呕吐、腹泻，每天多达数十次。经过一番折磨，再给病人服药。张学良痛得撕心裂肺，万箭穿心一般，不停地哀号、呻吟。但不管张学良怎样折腾，米勒也不为所动。由于他的手脚都被紧绑在病床上，动弹不得，痛得太厉害，他就用牙齿撕衣服，咬胳膊，衣服都被咬烂了，胳膊咬得青一块紫一块的。通身大汗淋漓，床铺和垫子湿透。就这样，一连七天七

历史背景

夜，折腾得死去活来，终于脱离了苦海，戒除了毒瘾。

张先生说："我的毒瘾戒除以后，好像全身的血液换了新的一样，但四肢仍是无力，身体还虚弱得很。"又经过一段时间的休养，体重迅速回升，精神面貌和身体状况也大大改善了。一个月后，如同脱胎换骨一般，少帅又恢复了往日的潇洒。他在上海疗养院的卡维医生的陪同下，带着太太于凤至和赵四小姐，踏上了赴欧洲考察之路。张学良行前送了五万块大洋给米勒医生以表谢意。

建设东北

-34-　　1928 年 7 月 4 日，张学良在奉天就任东三省保安总司令，东北进入少帅时代。上任之初，张学良决心息兵罢战，集中全力建设东北。

寓兵于农拓展垦殖，协助移民：大力推行军垦和民垦。还积极鼓励移民，当时有数以百万计的关内移民为了谋生纷纷"闯关东"，张学良给予多方关照。大量移民的涌入，给东北增加了人口，扎根斯土，生生不息。

协助发展民族工业：整顿金融、稳定物价，限制日资企业，扶持民族工业。他还将辽宁的迫击炮厂内附设民生工厂，制造汽车。1929 年 5 月，制成我国有史以来的第一辆自制汽车。

发展交通：张学良加紧修筑铁路。他主持了大通、奉海等铁路的修筑和葫芦岛新港的建设，使当时东北自建自营铁路里程居全国之冠。此外，在电信、外贸、吸引华侨投资方面都积极推行。他还亲自驾飞机从沈阳到营口送邮件。（张先生要争中国第一个航空邮差的名号？）

兴办文教事业：张学良认为，教育为国家之本，他捐出其父遗产1000万元作教育经费。1928年7月1日，张学良兼任东北大学校长。将原来设置的4科改为4个学院，又增加了农、商、教育3个学院，建成正规的综合性大学。张学良先后3次共捐款180万元给东北大学。张学良校长提倡男女平等，让东北大学兼收女生。张校长夫人于凤至带头在政治系插班听课。张学良改革学制，从1928年起，一律改为初等教育6年，中等教育6年，高等教育4年，并且增办中小校。张学良热爱体育：提出了"振兴东北体育和民族精神，健身强国，抵御外侮"的口号。他在东北建立了中国第一座现代化体育场，资助了中国的第一支女篮和足球队。

中国运动员首次参加奥运，是1932年在美国洛杉矶举行的第十届奥运，参加这次奥运的中国选手只有刘长春一人。日本傀儡伪"满洲国"意欲派短跑健将刘长春代表"满州国"参加。刘长春出于民族义愤，在报上声明："苟余之良心尚在，热血尚流，又岂能忘掉祖国，而为傀儡伪国作牛马！"张学良对此十分赞赏，当即慷慨解囊，拿出1600美元送刘长春去美国参加奥运。

整理古代文化典籍：张学良很重视传统文化，奉天是清朝的故都，古代史书文籍在此珍藏最多。因改朝换代，战乱频

历史背景

仍，有些书籍遭到破坏，亟需修整和重编。为此，张学良筹办了历史博物馆和图书馆（现在拥有 120 万册图书的沈阳市图书馆前身）。张学良本人也喜爱收藏字画，1994 年 4 月，张学良将他七十多年来收藏（作者按：张先生的收藏都是 1936 年以前收集的，软禁期间，家父一直替他带着随队走）的 700 多件书画在台湾拍卖，所得款项约合 4000 万人民币，全部捐给慈善事业。

整军经武

1929 年 1 月 12 日，奉国民政府命令，张学良任东北边防军司令，奉军改为东北军。那时共有约 40 万官兵，张学良后来寓兵于农，留下来约 30 万陆军。

在张作霖的时代，东北就建立了全国首屈一指的兵工厂。张学良更上一层楼，建设了中国最先进的兵工厂，制造枪炮及弹药，能制 150mm 的溜弹炮及大量炮弹，使东北军成了中国装备最精良的陆军（其他军阀只有 75mm 的炮及很少的炮弹）。

空军方面，除了成立航空队，张学良还创办了沈阳航空学校，自任校长。东北空军由张学良兼任司令，在全盛时期飞机总量达到了 250 到 300 架之多。

张学良还建立了自己的海军学校。1928 年之后，东北海军兼并了直系的渤海舰队，全盛时期，拥有大小舰 21 艘，约有 3.22 万吨，官兵大概 3300 人。

领兵打仗

1926 年 1 月，张学良在昌平南口与冯玉祥的国民军激战，最初战事不利，最后竟意外地转败为胜，于 8 月击败国民军。

1927 年 3 月，率安国军南下河南，对抗北伐军，兵败。

1929 年 7 月至 12 月，张学良为了收回中东铁路，出兵与苏联打了 5 个月，双方动用的一线兵力超过 20 万，最终东北军失败。苏联出兵占领了黑瞎子岛。

节制半个中国

国民政府于 1930 年 10 月 9 日任命张学良为中华民国陆海空军副总司令，晋升一级上将，任东北边防司令长官。1931 年 4 月 18 日，张在北京设副总司令行营，受命节制河北等省军务，但是政务也由他管，节制半个中国。

纵横情场

"平生无缺憾，唯一好女人"这是张学良晚年给他自己的评语。

张先生英雄爱美人，很多美女也爱他这个英雄，他吸毒的这段时间，1926 至 1931 年是少帅时期，是他事业的最高峰，也是他情场最得意的时候。张太太于凤至已跟他生了一女三男

（都是在他吸毒以前生的），四小姐赵一荻已在他身边，另外还有若干个情妇。

如何抗日

当时中国的状况：一、军阀割据，分崩离析，各有所谋；二、国贫民弱；三、正规军缺乏训练，装备很差。

政府高官汪精卫以下，包括文人胡适等主和。

只有蒋介石、毛泽东、张学良及青年学生主战，只是都没有准备好。

蒋介石的抗战政策：一、争取时间备战；二、长期抗战；三、期待国际情势变化（日俄开战）。

1934年，蒋介石有了"空间换取时间，以西南（四川）为根据地"的想法。但是当时西南各省被军阀割据，中央军无法进入四川。

为了进川，他日记中说"当思一计"。

张学良负责"剿共"

1934年红军长征后，蒋介石用中央军在后面赶，请西南的军阀在两侧拦，留下去路让共军逃走（长征），这就是他的"一计"。把共产党赶到延安后，派在河北的东北军去陕北打共军（这样他就可以进入西南，建立抗战基地，同时一箭双雕：消灭共军，削弱东北军)。但是东北军接到蒋的调军命令后，不回电报，也不动。

蒋介石只好把张学良从国外请回来。1935年9月20日，蒋介石在西安设立西北"剿匪"总司令部，自任总司令，张学良任副总司令，负责"剿共"，调东北军入陕西"剿共"，张学良就指挥他20万从东北撤出来的官兵去"剿匪"。

中共军队在延安附近只有几万人，是二万五千里长征战后余生的战士，都是在中央军和地方部队夹击中活下来的。张学良说谁能带兵到这样？没有逃光！只有共产党能。但这些"匪"正是他奉命要"剿"的！他说共产党是"剿"不完的，打完了兵，还会有人民。

"剿共"失败

1935年10月1日，在劳山战役中，东北军王以哲的67军110师被歼，师长何立中战死，团长裴焕彩被俘。1935年10月29日，东北军在榆林桥战役中，107师和619团全部被歼，团长高福源和不少士兵被俘。1935年11月22日，在直罗镇战役中，东北军精锐部队的109师孤军挺进陕北，被红军机动包围，师长牛元峰阵亡，红军仅以800多人的伤亡，就打死、打伤俘虏了6000多109师的官兵。后来红军给要回乡的俘虏每人路费两元，但很多官兵自愿留下，当了红军。

历史背景

张学良与中共的秘密接触

1936年4月9日起，张学良抵延安会见周恩来，当年9月，中国共产党与东北军正式签了《抗日救国协议》，双方正式结束敌对状态，红军、张学良的东北军、杨虎城的十七路军形成了拥护"民族统一战战线"的"铁三角"。张学良向红军提供了大量的过冬物资：棉花、药品、新鲜食物等，解决了红军过冬的燃眉之急。当时邓小平病重，生命垂危，无药可用，也是张学良的援助救了他的性命，也救了很多伤病的官兵。

西安事变

张学良将军不愿打内战，要打日本人。他说动西北军的杨虎城将军准备一起发动西安事变。

1936年12月9日，共产党组织大规摸的群众游行示威，特务军警开枪打死了一名学生，群众非常激愤，决定到临潼直接向蒋介石请愿示威。蒋令张学良制止学生运动，必要时"格杀勿论"，还说对付学生只能用机关枪打，张先生为此与蒋介石吵得面红耳赤。

张学良赶上了几千名学生的队伍，极力劝阻，东北大学学生高呼"中国人不打中国人！""东北军打回老家去！"

张学良是爱国的，是一个36岁的热血青年，面对这些热血学生，尤其是女学生，那种出自真心的爱国激情，他激动了，用男子汉大丈夫的英雄气慨说了一句大话，他说一周内以"实际行动""答复学生。

这个实际行动就是"西安事变"，他是早有此意，在学生面前一冲动就决定干了！

1936 年 12 月 12 日，张学良派兵捉了蒋介石。张、杨要求蒋停止"剿共"，联合抗日。蒋介石根本不听他们讲话，每次都把张学良骂了出去，他已把生死置之度外。张学良开始想把蒋介石"先捉了再说"，这下子不知如何收场了，怎么办？找周恩来！

1936 年 12 月 7 日，周恩来应张学良的邀请来了西安。12 月 23 日，蒋夫人（宋美龄）和宋子文部长及顾问端纳到了西安。蒋夫人说动了他的丈夫，不要死脑筋，也真的听听张杨说什么，如果找到可以接受的立场，就退一步。第二天，蒋介石让蒋夫人、宋子文去和张学良、杨虎城、周恩来谈判，商定了六项条件，主要是改革南京政府、释放政治犯、停止"剿共"、联合抗日，等等。

蒋介石很生气，但是很认真地对张学良说："我不'剿匪'了！我不'剿匪'了！"至于商定的条件，他可以答应，但是决不签字！张、杨和周三人没有办法，只好同意放了蒋介石。另外，私下由蒋夫人带头，对张学良有所保证，内容如何是个大秘密，后来蒋夫人对张学良很好，一直维护他的安全，应该是最重要的保证。张先生说，如果不是蒋夫人，蒋先生老早就把他枪毙了。

1936年12月25日下午4时，张学良只身送蒋介石及夫人由西安同乘飞机去了河南洛阳，12月26日，蒋介石、蒋夫人等人由洛阳乘飞机返回南京，受到盛大的欢迎。

张学良则另乘他头一天调到洛阳的飞机，带了二十几个参谋、卫士和半飞机的行李（张先生离开东北后，就以他的司令部为家，他的随身行李很多，包括古画、古董，总跟着自己走）半小时后飞到南京。张学良是热忱无私的汉子，既然要拥护蒋介石为抗日领袖，就亲自送他回去，希望以行动去维护领袖的威望，自己的生死（劫持统帅是死罪）就顾不了。

事后蒋介石在他的日记里说："汉卿误我大事矣，汉卿坏我一盘好棋。"他的计划是用张学良的东北军"剿灭"共产党，后来发现不行，就派了中央军西来待命，准备把张学良及杨虎城和他们的军队调去安徽及福建，由中央军来接替"剿匪"，消灭共产党，巩固西南成为抗战基地。没想到就在这个节骨眼上，张、杨发动西安事变，把他的好棋搅乱了。张学良半个月的时间改变了历史。

自投罗网

1936年12月26日，张先生带着他的卫士和参谋飞到南京。在南京接他飞机的是情报头子戴笠派去的二十一个特务，其中带头的就是先父刘乙光，他们护送张学良住进宋子文的公馆，那时只派了特务熊仲青一人进大门内，在院子里远远监视。有一次，张学良和宋子文散步，熊君耳尖，远远听见张问宋："委员长会不会枪毙我？"宋回答说："不会！不会！"

熊君从那时开始跟着爸爸看守张先生，后来当了十几年的队副，爸爸 1962 年离开后，是他接任特务队长的职位，于 1966 年退休。

历史背景

第一部　在大陆（1936—1946）

浙江溪口

蒋介石对张学良要走一个过场，交军事法庭审判。审判长是李烈钧。张学良在法庭上理直气壮，大声陈述，庭长也被他的气势感动。事后他说："你真是张作霖的儿子！"张学良听了非常高兴，他是深以为张作霖的儿子为傲！

1936 年 12 月 31 日，法庭以"劫持统帅"罪，从轻（劫持统帅是死罪）判张学良有期徒刑 10 年，剥夺公权 5 年。1937 年 1 月 4 日，国民政府下特赦令，取消徒刑，将张学良交军事委员会"严加管束"。张学良被送去行政院长孔祥熙的公馆，他带来的参谋和卫队被解除了武装。特务头子

戴笠① 即派先父刘乙光② 为特务队队长（升为上校），开始"管束"张学良的任务。戴笠给爸爸的指令是：保护张学良，不能让他自杀、逃跑或被劫，还要观察他的一言一行，记录呈报（爸爸因此每天写日记）。对张学良物资供应上要尽量丰富，态度要很尊敬。蒋委员长的指示是对张学良要"严加防范，相对自由"。要多严？多少自由？那是爸爸的难题。

1937年1月13日，爸爸带着特务队，从孔祥熙的公馆接张学良去浙江溪口雪窦山（蒋介石的家乡），住在中国旅行

① 戴笠是一个天生的特务奇才，没拜过师父，自己摸出来的，但特务训练班倒是办过很多。最多的时候，自己家里（军统局）有近五万特工，外面有各大都市和铁路的交通警察总队、游击队、忠义救国军，还有在东南沿海的四万多海盗，一起有二十几万人，都归他指挥。政府拨的经费远远不足，不够的钱都是他"自行设法"搞来的。美国特务说他是"Self financing"。他的钱不受审计部管，因为地下工作人员的经费是没法预计的，多数是实报实销，戴笠用钱大方，不会因小失大的。戴笠能干，忠于蒋介石。日本人防他，汉奸怕他，共产党的工作也受到他的牵制，周恩来曾说如果戴笠不死，大陆可能会晚几年解放。1945年3月17日，戴笠坠机死了，戴笠一死，外面他单线指挥的单位都断线了，军统局也完了，改成了保密局，人数大减，功能大降。原来作为戴笠的第二把手的张严佛中将没能当上局长，由戴的秘书毛人凤接任。

② 先父刘乙光是湖南人，黄埔军校四期毕业，曾经参加过北伐战争，在作战部队当政治指导员。后来参加情报头子戴笠的特务组织。先在戴笠办的洪公祠训练班受训，那是他办的第一个训练班，学员是从北伐军每一个师选一两个有潜能的中级军官，训练一年后，才告诉他们是做"特务"，谁要离开，可以离开，如选择留下，终身不准离开。结果没有一个人离开，其中人才辈出，很多是以后戴笠的主要干部。爸爸曾任国民党江西党务学校的训导主任，那时认识了我的母亲龙志祖，她是那里的学生，父亲结婚后（请党校的教务主任陶希圣主婚）不久被派到山东烟台去做潜伏工作，收集情报，爸爸为了掩护身份，还找了一个假太太同居，姆妈也知道那件事。之后改任蒋介石的警卫队队长，再后来调回戴笠在南京鸡鹅巷总部后，任中校督察，专门负责内部纪律。

社，包了整个旅社住了九个多月。在那里时，蒋介石送了张先生一本明儒学案和另一本王阳明的书，要他潜心读书，修心养性。张先生哪能潜心！一颗心七上八下，他每天早上第一件事就是看报，看日本鬼子又搞什么新花样，他忧国忧民，也担心自己。每天午睡后就要出去，游山玩水，打网球，没有球场就修一个。要去远一点的地方就坐轿子；他去千丈岩放鞭炮，青龙潭量水深，和尚坟地捉鬼，晚上装鬼吓特务（队员们可不敢吓张先生。最初爸爸亲选的二十个特务，卧虎藏龙，例如戴笠的保镖王鲁翘，功夫高强，枪法百步之内百发百中，和搞"行动"的余鉴声，人高马大，功夫高强，一张大白脸可以吓得小孩子不敢再哭。他二人发现看管张学良原来只是陪着他玩，没劲！不久就请调回总部去了，后来跑去河内行刺汉奸

照片中站着的是张先生，坐着的是爸爸妈妈，他们在一起野餐。

头子汪精卫。到台湾后分别当了台北市警察局长、台湾刑警总队总队长。另一队员李葆初也功夫了得，继余鉴声任台湾刑警总队总队长）。

张学良没有回西安，东北军群龙无首，不知所从，但是当中央要调动东北军时，他们不理。蒋介石只好亲自出马，到溪口找张学良写信给他的部下。张先生毫不保留，写亲笔信给几个要紧的将领要求他们以国家为先，服从蒋介石的命令。结果是二十万东北军被打散了，以师和团（炮兵团）为单位调到兰州、河南、安徽等不同的地方，归不同的战区司令指挥，听命蒋介石参加对日作战。

七七事变

1937 年 7 月 7 日，蒋介石对日宣战时，在溪口的张先生以为可以出去打仗，报国仇家恨了。他写信给蒋介石请缨抗日，请求参加抗战，不论什么职位，什么阶级，只求能穿上军服，把日本兵的血沾满军服。蒋介石只淡淡地跟他说，时间还不成熟。

1937 年，"八一三事件"后淞沪会战打起来了，日本飞机常来溪口低飞示威，戴笠命令爸爸准备搬去安徽黄山，刚好厨房起火烧了整个中国旅行社，他们就带了那里的大厨（四川人姓陈）和西仔（会做西餐的小二）一起去了黄山，大厨后来做了张先生小厨房的大师傅，和西仔阿咪一起服侍张先生他们吃饭。

淞沪会战

1937 年 8 月，日军占领了北平和天津。8 月 13 日，上海日军借故挑衅，双方军队打起来了，蒋介石决定坚守上海，把攻华北的日军引向淞沪，维护中苏交通线。同时争取对即将召开的《九国公约》会议有点好影响。蒋介石说，这个战也是打给外国人看的。同时争取时间把上海的物资和纱厂转运内地。

淞沪会战中国投入了 70 万人，包括德国装备和训练的好多个师，吸住了 20 万日军，大部分是从华北调来的，打了 3 个月（打破了日本 3 个月亡华之说），国军伤亡 19 万人，日军伤亡 4 万人。政府争取到时间，从上海抢运了很多物资并迁走了一些纱厂去内地。最后还在吴淞口炸沉了许多船，阻止日本兵舰沿长江上溯占领沿岸重要城市。

南京保卫战

蒋介石在日记中说："南京不可守，南京不可不守。"

1937 年 12 月 1 日，日军人攻打中国首都南京，蒋介石已作迁都重庆的准备，只派出部分国军保卫南京，争取国民政府迁离的时间，一共争取到 13 天，最后撤退时只留下自己的三个营卫队中的两个营 2000 多人断后，死守雨花台，他们接到

的命令是：能守多久就守多久，有足够的弹药及干粮，但绝不会有援军。也就是说，每个人都得死，任务是多打死几个日本兵，多守几天甚至几小时。爸爸就是曾经当过那个蒋介石警卫队队长的人，训练他们用德制驳壳枪打靶，灌输以死保卫领袖的观念。

警卫队平时每人都备有一只小手枪及德制可连打 20 发的驳壳枪，来攻雨花台的日军是一个甲种师，有 10000 多人，是我们的 5 倍。警卫营就单兵作战，每个人守 25 公尺，守护前方之外可以火力支援左右邻兵。日本兵有炮，有机关枪，但是单兵还是用三八式单发长枪，一时还真打不过可以当长枪用而且可以连发的驳壳枪，结果打死了很多日本兵，争取到国民政府及国军撤退的关键时间，每个卫士都独自死在他 25 公尺的防线上。

南京大屠杀

日本的计划是 3 个月灭亡中国，可是淞沪会战就打了 3 个月，日军死了四万多人，1937 年 12 月 13 日，日军攻占中国的首都南京后，中国并没有投降的意思。日本军部决定"采取恐怖手段，摧毁人民的抵抗意志，迫使中国投降"。上海派遣军总司令朝香宫鸠彦就下令"杀掉全部俘虏"，那时国军保卫南京没能撤退的有几万人。打进南京的日军军团司令就下令部下去抓俘虏，找粮食，并且纵容部下抢东西烧房子、强奸妇女。

南京大屠杀的照片，现在已经公开，网站上到处可见，日本兵成堆杀小孩，还把小孩穿在刺刀上玩。

强奸妇女后有的还要开膛破肚，插棍子在阴部。几个星期内强奸了2—6万中国女子，小的十几岁，老的五六十。他们的口头语是"花姑娘，大大的好！"

有些照片是日军新兵用刺刀杀人，日本侵华军也有新兵，一边打仗一边训练，出师典礼就是用刺刀一刀刺杀一个活人。

日军最高级的杀人方式是用武士刀斩头，有一张照片中一个日本军官提着斩下的头，脚边躺满了中国人的无头尸体，他却笑得非常自然！他们认为那是日本的武士道精神，杀人或者自杀都是正当的，不是罪恶，这种大和精神太可怕了，当年侵略中国，残忍屠杀中国人，今后还会故技重施！

最能表现日本武士道的邪恶本质的是那张"百人斩"照片，两个日本"将校"在南京比赛用武士刀斩中国人，照片每天登在日本国内的报纸上，他俩破百那天的纪录是105对106，日本人大概每天看分数而喝彩，可怕的大和民族！最后他俩创下了没人能破的世界纪录：150比151，日本全国公认是"和"局。

他们怎样抓俘虏？国军败兵不会穿军服带领章等着，早就换了便衣。日本兵开始还耍小聪明，看看你头发短不短，看你的手掌手指是不是拿过枪，后来干脆只要是年轻的人都抓起来当俘虏。然后成百的活埋，成堆的枪杀，最多的是成千上万

的赶到江边，然后用机关枪打死，再推到江里冲走或者就留在江边，这样死的人数最多。

南京大屠杀一共屠杀了30万多中国军民，男女老少，大多是老百姓。

日本人想以恐怖的残杀手段摧毁中国人民的抵抗意志，没想到适得其反，更坚定了中国人的抵抗意志，全国上下同仇敌忾，全民抗日。

溪口至黄山

淞沪会战打到后来，蒋介石已经决定放弃南京，迁都重庆。同时命令爸爸把张学良从溪口迁到安徽黄山，没住几天还亲自打电话给爸爸，命令他把张学良搬到江西萍乡。

从溪口开始他们才真的开始"逃难"，住过的地方如下图：

浩浩荡荡"逃难"：

人数：一百多人，包括张先生他们六人，即张学良、张太太（于凤至）、杜副官（张先生带来的贴身保镖）、李副官（张先生带来的保镖）、王妈（张太太的贴身女佣）、于副官（张太太带来的），另外还有大厨、西仔、轿夫、服务人员。爸爸带领的特务队有四十多人，配属的一连宪兵有一百多人。队员

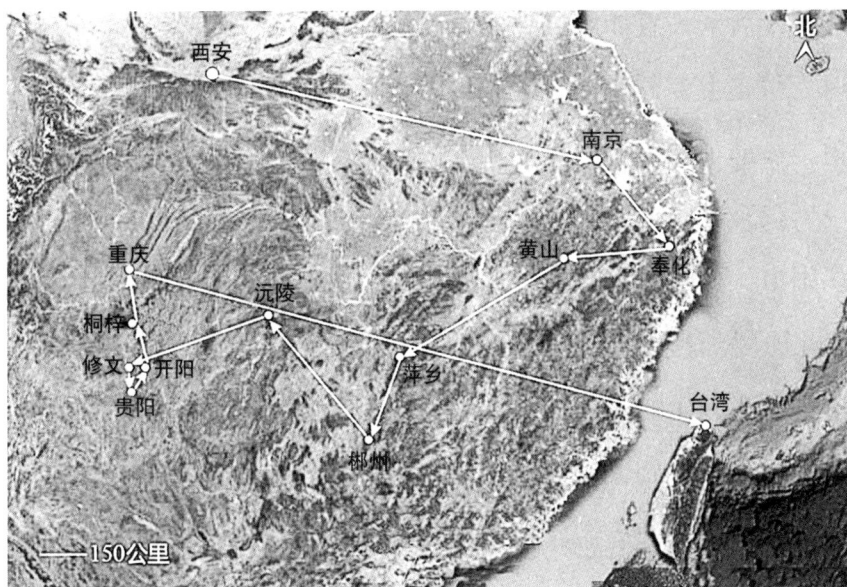

每人有两把手枪，一支是左轮，勃朗宁之类，另一支是德国制的驳壳枪，又叫盒子炮，枪管长，口径大，可以连打二十发子弹，枪可以按在盒子上，托在肩上当步枪使，手枪打起来会跳动，步枪稳得多。另外还有两挺轻机关枪，宪兵带的是步枪，还有几挺轻机关枪。

他们的车队有五六部小轿车，十二三部大卡车，前面是一部坐满宪兵的大卡车开道。跟着是张先生的敞篷轿车，司机之外只有许队副陪着。张先生闲不住，他要求自己开车，许队副要讨好他，于是两人轮流开车，叫那个司机坐在后面当大老爷，他老兄没那个命，在后座吓得不敢闭眼睛。许队副还应张先生的要求，分了一把手枪给他！跟在后面的是张太太和王妈坐后座的小轿车，爸爸及队员的小轿车，再后面是队员坐的大卡车，断后的是宪兵坐的大卡车。这样浩浩荡荡的"逃离"

阵容，后来一直如此。

张先生爱开快车，他超过开道车，后来冲得太远了，落了单，一部车开进了逃难的人群，张先生一不小心，压倒了一个小男孩。难民还有前线退下来的散兵都围上来了，许队副怕人多闹事，一时脱不了身，叫张先生踏油门加速跑了就算了。张先生不是那种人，他停车下来查看，幸好那孩子只是一条腿被撞伤，张先生赔了两百块钱了事。

后来许队副也撞倒一头牛，他真的一踩油门跑了。大家终于到了黄山，此后搬家爸爸叫许队副专门负责打前站，头一天去找住处，请张先生跟张太太坐一部硬壳轿车的后座，爸爸自己坐在司机旁边，不让张先生再自己开车了。

安徽黄山

在黄山找到了一个段祺瑞（前北洋政府总理）的别墅，通知住在那里的人搬走，付了高好几倍的租金租下来，张先生他们和爸爸住在那儿。黄山有一个温泉区，是划归空军疗养的地方，也被要过来给张先生洗澡。那些空军可不是普通人，先是闹事，后来可能是张先生、张太太坐轿子游山，特务们前呼后拥，被东北来的空军认出来了，他们不闹了，反而希望能派代表向张先生致敬。

便宜行事

住处曝光了，那是不可以的，加上那时有好几师的东北军驻防安徽。这时南京又刚刚失守，所以1937年11月18日，百忙中蒋介石打电话到安徽歙县叫县长找刘乙光听电话，那县长不知刘乙光是何许人，问到县府一位聪明人，他说几天前黄山来了一批神秘人物，可能有个刘乙光在内，县长派他找到了爸爸到县长室等电话。蒋委员长电话来了，先跟县长讲了几句话，然后跟爸爸通话，命令将张学良移到江西萍乡，爸爸问："没有交通工具怎么办？"蒋委员长说："你自行设法，没有钱可向县长借。"

"自行设法！"事情好办！这之前原来由南京派来的许多小轿车只留下两部，其他四五部和十几部卡车也已放回南京，车子不够。于是爸爸向那位县长借了三千块钱，派宪兵在公路上拦下十部大卡车，（后面敞开的那种，坐在上面可以眼观四方），把车主和货物请下车，司机和助手留下，车子归我们了。在路上车子又坏了，自己不会修，路上逃难的人又多又乱，大队不能停下来等，只好坏一部丢一部，我到现在还一直记得，当时听见车外有人大叫："钢板断了。"原来是一部大卡车的后轮钢板断了，车子只能丢下了。人和行李就并到另外的车上，后来剩下的车子挤不下了，就去安徽屯溪公路局，用军事委员会的名义借了八部大卡车，其中一部是柴油客车，爸爸写一张字条："兹借到安徽公路局大卡车八部，军事委员会秘

书刘乙光"就行了。我还记得姆妈我们全家和张先生的副官、王妈等都坐那部柴油客车。后来安徽公路局把刘乙光告到军事委员会，我们在贵州修文时，爸爸接到戴笠的电话说："你把那八部车子叫原来的司机开到重庆来报到，我正好都用得上。"那时中美合作所还没有成立，戴笠没有美国军车可用（见后文），爸爸借来的八部大卡车派上了大用场！

车子有了，加油呢？那时不是每个街角都有一个加油站，可以刷卡。只好常去国军的补给站"借油"，补给站站长职员之外还有一些卫兵，我们需油时，先由宪兵在要紧的地方（包括站岗街兵旁边）背着步枪散步（不能对友军显出敌意），另派几个管制交通，别的军车不准进。然后由四个特务带着驳壳枪进去（挂在身上右前方，别人第一眼就会看见）找到站长，爸爸才一步一步走进来，全副武装，佩上校领章（爸爸好像是1943年晋升的少将），黄呢马裤，长筒马靴，斜皮带（当时军官自肩至腰，都斜挂一皮带，俗称"斜皮带"，是早期高级军官系佩"指挥刀"所需之装备）走到站长的位子坐下，请站长派人加好油后，还带走几桶。然后写一张字条"兹借到五十三加仑汽油十桶、轮胎十只，刘乙光"就行了！

但是如果大城市有加油站时，他们也去买油，他们到沅陵汽车站去加油时，加油站只是公路局旁边一个房子，放了很多五十三加仑的汽油桶，取油时不免漏些油在地上，不知是那个（特务？）丢的烟头，整个沅陵公路局被烧平了！

有歌为证：

借车好！借油好！加油不如借油好！借来的东西总
归好！

我的贤妻说："你们这样抢车抢油，不就是土匪吗？你还
得意！"但那些陪着爸爸"借"东西的特务们，说起来绘声绘
色，口沫横飞，很是得意！但爸爸从来未有这种感觉，只是
别无他法，不得已而为之！蒋介石交代的任务，如何完成是
你的事。抗战初期一切不上轨道，爸爸只好从权，何况那时对
人权的认知和现在大不一样。

江西萍乡

萍乡是一个小城，好不容易找到一个两层楼的小洋房，是
一对清华大学退休教授带着一个十七八岁的小女儿住在那里，
他们自愿搬到楼下一角，把其他房间租给我们，爸爸指示照例
出很高的租金。因为只有张先生他们及爸爸和队副等不多的人
住在那里面，房东又是有学问见过世面的人，所以宾主相处融
洽，那女孩子还常去张太太房里听留声机，他们也不打听这些
人的来历。

萍乡什么都没有，天气又不好，张先生多半在家里看看
书。大家去看了一个煤矿，进去不远就退回来了，怕不安全又
不好玩。又去探过一个长山洞，一大群人又是火把又是驳壳
枪，还有人口袋里藏着手电筒（火把好玩，但是如果熄了，不

能让张先生摸黑走路），走了很久什么也没有，后来看见小动物的的脚印，有点意思了，应该快到洞的另一头了，再走一阵看到了一些野兽的大脚印，大家不约而同地回头就走。

湖南郴州

住道士观

那时日军已进入江西，戴笠打电报叫我们搬到湖南郴州。那时"借"来的车子还够用，十几名原来是老百姓的司机已被训练成半个特务，他们来的地方也已沦陷，大家回不去了，都愿意跟着走了。大队近两百人，十几辆车一路"借"油，到了郴州附近的凤栖渡，有一个大房子可以暂住，就先留下，由许队副带着设营队去郴州找房子。结果在离县城五里的苏仙岭找到一个苏仙观，住了很多道士。从山脚到庙门有七华里，一路有很多石阶，两侧树木参差有致，古意漾然。爸爸亲自从山脚走到庙里，觉得自己一个凡人有些仙气了。可惜不多！回来后叫许队副带了几个特务，一排宪兵去把住在那里的道士赶走，只留观主留守。苏仙观我们租了（给了很多钱让道士们去租房子住）。

然后找工匠整修几间供张先生张太太住，张先生每天要洗澡，所以特意做了一个大木盆放在一间房子里。观里厨房里大锅很多，用一个专门烧热水，山上泉水好，轿夫可以挑水。其他所有的人连宪兵都住在观内。买菜由轿夫每天去郴州挑回来，只是水果麻烦，去长沙只能买到橘子，所以每隔一阵要派人到广州或香港买一批水果回来，专供张先生吃（张太太不大吃水果，爸爸吃长沙买来的橘子）。郴州天气很坏，张先生不吃糙米黑面，缺乏维他命 B，所以腿肿，他那时心情很不好。离七七事变越久，自己能参与抗战的可能性越少，心情越不好。在这里几个月很少出去玩，偶尔也去县城走走。

巧遇故人

有一次，张先生跟爸爸及几个便衣队员在大街上走，迎面来了一个军官，走近张先生，突然立正敬礼，惊喜地叫了一声"副司令！"张先生看了他一眼，没理他。爸爸看清那人人高马大，穿的是国军中校军服。回来后马上叫人去调查，查清楚那人是驻防附近的一个炮兵团的副团长。而那个团是东北军，是整团调到湖南来抵抗日本兵的。

走为上策

爸爸的任务是不能让张学良"自杀""逃跑"或"被劫"。虽然张先生那时心情很坏，但他不是会自杀的那种人。也不能逃跑，路上全是难民，城里挤满伤兵，他不会去凑热闹。最怕的有人要"劫走"张学良。一个东北团炮兵的兵力足可以"劫"张先生。但是张学良绝对不能被"劫走"。那是爸爸最不愿看到的情况！他当机立断，告诉张先生第二天要搬家。

当晚在苏仙岭加强戒备，并派三个特务化装成老百姓，去那个炮兵团营门前观察动静。第二天一早便带着张先生和全体人员"逃避"到四十多里外的永兴去了。永兴县高亭司泥鳅塘是爸爸的老家。张先生、张太太和少数队员暂住刘氏宗亲办的文明书院，然后才打电报向戴笠请示。几天后，戴笠命令他们搬去沅陵。我们在沅陵期间，国军跟日军又打了一场大规模的武汉会战。

湖南沅陵

最初印象

我五岁时就看到张先生了，姆妈带着我们三兄弟在沅陵跟爸爸聚在一起。

张先生他们在沅陵住在凤凰山凤凰寺，隔着沅江斜对面是县城，还按张先生的意思，在凤凰寺外盖了一个望江楼，张先生常常和张太太在那里眺望江景。

母亲带着我们兄弟三个住在离凤凰山不远的地方，也看得到隔江的沅陵县城，一堆灰黑色的矮房子。我们租的房子就在江边，长方形的一排三间，面对大江，外面是草坪和沙滩，江上有渔船，上面站着几只鱼鹰，不时会潜水去啄条大鱼上来，船上的渔夫就会把大鱼从鱼鹰嘴里取下来，顺手喂两条小鱼。江中也有帆船经过。我还记得沙滩上有卖零嘴辣萝卜的小贩，背着一个缸，叫着"一个铜板两块"。有人要买，就捞出两块像婴儿手掌一样，沾满红辣椒的萝卜给他。二哥还用沙堆成一个馒头，插一根树枝，说是坦克车，打日本鬼子的。有空袭警报时，县城的人就会坐渡船过江来，一大群就站在沙滩上，等解除警报后再渡江回去。有一次，我还看到一个男的，半边头剃得光光的，另一半怒发冲天，又直又黑。

大哥（九岁）二哥（七岁）调皮时，我跟在后面跑。姆妈就会叫我们在床前跪成一排，只有我可以起来打电话给爸爸，他就会请姆妈放我们起来。爸爸从来没有骂过我，只是姆妈偶尔会请我们吃"板栗"：中指弯成弓形敲打头顶！

在沅陵时，军统局的大特务张严佛在那里。张先生兼职当蒋介石南昌行营主任时，张严佛在那里当副科长，这次也常来看张先生。他和我们是通家之好，他的漂亮女儿张晶晶和我们三兄弟玩得很好。那时大哥英俊，二哥聪明，可是晶晶只拉着我的小胖手在草地上跑。还说要跟我结婚，这些都是大哥告诉我的（可惜我自己一点也记不得）。

张先生他们总是游山玩水，常坐大竹排沿江边上下漫游，雇船在沅江钓鱼。有时也散步到我家门口。有一次，姆妈请张先生、张太太他们吃饭，在门外对着江放了一张圆桌（房里没地方）。姆妈做了一桌子的菜，大家站着吃。爸爸和他们走后，姆妈对着空桌说："又了了一件心事，可以管一年了！"我一直记得这句话，只是那时不太懂是什么意思。现在知道原来姆妈还需帮爸爸应酬张先生和张太太。

二哥刘仲璞记得的事比我早两年，下面一段是他的回忆：

"那是在湖南沅陵凤凰山上吧，大餐厅内，灯火辉煌，张学良照律脚翘在桌上说笑话，忽然有人进来说，宋子文来看张先生。我们就散了。张先生却站在黑暗的风雨堂上，望着堂外的黑暗天空。我那时只有六七岁，站在那里呆看，张先生挥手叫我走开。这时进来一人，高大，穿着西服，想必就是宋子文了。我不知他们说什么，张先生由欢作悲，何其快也。"

左起是宋子文、张太太于凤至、张学良

湘西土匪多，沅陵县就设有警备司令部负责剿匪（当时的司令原是土匪头子），他抓到土匪后，就在我们住的附近的河边公开杀头示众。

大哥刘伯涵，胆大调皮，他有一次挤进一大圈几层人前面去看杀人。刽子手一刀就把人头砍飞了，马上有好几个人，拿了馒头去人头上沾血，说是吃了可以辟邪治病。大哥回来后被姆妈打了一顿，此后再杀人时我们都不准出家门。

湘西土匪

听许队副说湘西土匪很多，他打前站去找房子时就碰到土匪攻打沅陵城，土匪出动一千多人虽没攻进城，但把城外保安队的枪都缴去了。张先生他们在凤凰山住了一年半后，县城的警备司令告诉许队副，他们得到情报，土匪要第二次攻城。我们住的凤凰山在江的这一边，也不能不防。凤凰山居高临下，易守难攻，爸爸和宪兵连长策划，构筑掩蔽体，派人进入防守，同时封闭上山道路。张先生知道后，出主意用擂石滚木。中国陆海空军前副总司令带着一群特务和宪兵，准备了一些石块和树段放在制高点，等土匪来。张先生平时就爱和那些二十出头的年轻队员捉鬼装鬼变着花样玩，这次可动真格的了！可惜等了几天土匪没来，张先生有点失望。

倒是不久从沅陵去贵州的途中，在湘西山间真的碰到了土匪。我们是天不亮时上路的，十几辆的车队通过山谷时，山上忽然出现很多火把，枪声大作。在那阵势下，无论商车军车都会停下来等着被抢，才不会伤人。我们呢？四十几支驳壳枪，几挺机关枪，对着火把一阵连发，没停车，结果怎样？山上的火把一下就全熄了，整齐一致！都跑了！他们哪见过这么密集的火力——那时的土匪最喜欢驳壳枪，寨主一定要有一把，如果是一个大寨，小头目以上可能有一把，小喽啰只有单

发步枪、火枪或大刀。他们听到这么多的驳壳枪声，知道惹不起！倒不是知道张少帅坐在小轿车里闭目养神。

贵州修文

张学良他们在修文住在阳明洞，是王阳明流放时居住的地方。洞顶上有个阳明书院，四合院内有两层木楼。书院外有个君子亭及其他房子，君子亭内有很多房间可以住人。张先生和张太太于凤至、杜副官和王妈住在书院左边几间的楼上。楼下第一间是张先生洗澡的地方，第二间是大家吃饭的房间。爸爸住了书院右边楼上两间，正厅是大家看书看报和下象棋的地方。许队副和一些队员也住在书院内，小厨房也在书院内。其他队员住在君子亭，宪兵另住外围。

李副官

张先生带来的李副官住在君子亭附近一个单间，专门管理张先生的玩具，例如象棋、围棋、跑马之类。张先生常跟我们玩跑马：抛骰子按照点数走的一种小孩的玩意儿，都是我去李副官那里拿，玩后再送回去。李副官打得一手好网球，张先生那时每天打双人网球。爸爸跟李副官一边，张先生和另一队员一边。李副官高高瘦瘦，文质彬彬，但是武功高强，枪法极准。张先生已经有一个贴身保镖杜副官了，爸爸决定只留一个，我们离开修文时，把李副官送去重庆军统局发落。戴笠说:"关起来。"从此一直关在军统局的监牢里。他知道得太多，知道张先生的起居作息、活动范围、护卫人员的兵力和布置，这些是不能让外面知道的。后来听说1949年保密局撤离重庆时把他枪毙了。

杜副官

张先生的保镖杜副官（杜发）是个东北大汉，长得虎背熊腰，双臂过膝，手掌特大，走起来像个大猩猩。他武功高强，十几个人近不了身，枪法倒不怎样，手指太粗！他和张先生总是寸步不离。杜发原是大帅张作霖的保镖，老帅惜子，把自己最好的保镖送给少帅了。

吃　饭

小厨房的大师父专做张先生他们吃的饭，他是四川人，但是很会做面食。张先生吃饭的桌子是长方形的，同桌的通常是张太太、爸爸和许队副，我们家人如在，也同桌。西仔阿咪在旁边侍候。杜副官和王妈则在别的房间吃，其他队员们另有大厨房，吃的是大锅菜。张先生他们的中餐和晚餐都很丰盛，满桌子菜之外，每人面前会放一小碟黄油，涂馒头用的。张先生坐上面，中饭后就回楼上去睡午觉，晚餐时他总是高谈阔论，笑话连连，通常是他一个人大声说话，别人听和笑。记得有一次许队副仰天大笑，因为他把双脚放在桌子上，连人带椅翻倒在身后的地板上。这一跤摔得不轻，许队副不久就被调走了，

张先生饭后讲笑话，许君随便到把双脚架到桌面上，不够尊敬。也许爸爸还想起了去黄山的路上他让张先生自己开车，还分一把枪给张先生的事，为了讨好张先生，忘了自己的职责和身份，留不得他了。他们饭后要吃美国水果罐头，张先生会问我要吃哪个。我会说要那个有洞洞的（夏威夷的凤梨罐头，一片片菠萝中间有个洞）。

打发时间

张先生喜欢钓鱼，修文没有大河，只能在山下的小溪或池塘里钓，有时候会坐了滑竿去远些的河里钓。中午由轿夫挑稀饭馒头来野餐，吃完后张先生就仰睡在大石头上，挺个大肚子晒太阳。因此得了个外号"大胖子"，可是队员只敢背后叫。张先生叫我"小胖子"，后来大家都这样叫我。

像片中的小胖子就是我，在南京照的，那时大约四岁。

母亲带着我们三兄弟在修文县城住，我还没开始上学，所以常常会去跟爸爸住。白天自己玩，有时会晃到张太太的房间里，她对我很好，和气地跟我说话，给我东西吃。照顾张太太的王妈对我也很好，她个子不

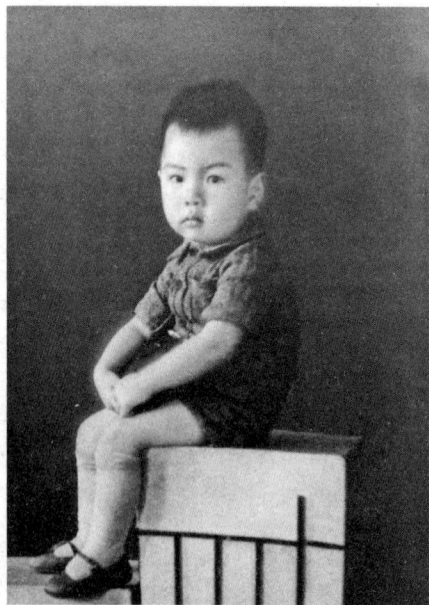

高，拐脚，脸上皱纹很多。

傍晚时杜副官和一些队员们常在离张先生住房最远的院子里瞎聊。有一次，杜副官捉弄我，给我一块米花糖吃（我还记杜副官左手拿着一包米花糖的样子，一迭有六七块，用玻璃纸包着），条件是先喝一大杯水，结果我喝了四杯水，吃了四块米花糖，晚上尿了爸爸的床。

张太太去了美国

1940 年 2 月，张太太得了癌症，带了王妈去了美国，于副官也跟着离开了（他自由了，后来结婚过正常日子，不像李副官和杜副官，后来没得善终）。赵四小姐来到修文，同来的有她的贴身女佣吴妈。

张太太到了美国后还寄给我一套呢子的短裤小西装。

我后来还见过张太太一次，那是 1963 年在美国的洛杉矶，我才来美国留学，在那里的"北平楼"打工，赚下学期的生活费及学费。有一天，东北同乡会在北平楼聚餐，有十几桌。有一桌的上头坐了一位高雅出尘的太太。我一眼就认出来是张太太！我那时是侍者，但那桌不归我管。我抢先到张太太旁边，送上一杯茶，深深地一鞠躬，心里说了一声"谢谢"。我当时的感觉是说不清的，她是那样的雍容自在，美得像荷花仙子，是下凡的仙女。只是她一眼都没看我（她认识我时，我还是小儿童，现在已成人，她当然认不出这个向她鞠躬的人就是当年的"小胖子"）。

贵州贵阳

第一次开刀

1941年10月4日，张先生突然肚子大痛，以为是盲肠炎，爸爸立刻陪他和四小姐坐小轿车直开贵阳。同时交待队副报告戴笠。戴找了贵州省主席吴鼎昌，通知贵阳的警察局长夏松（他是军统局派去的），去找好医院，安排医生开刀。司机陈阿四是上海人，车开得好，只是路不好，有病人不敢开快车。所以叫先行车队去贵阳中央医院安排及清场。数小时后，爸爸他们到了，院长和外科主任医生已等在门口，就把张先生直接送进了手术室。

这时才想起了戴笠的"重要事必先报准"的命令，爸爸为什么不先报准？因为他那时一心只想到有病的张学良，病情紧急，刻不容缓。戴笠是军统局的头子，有数万多特工人员，地上地下，卧虎藏龙，怎么管这些人？戴老板用"家法"。每个人都是他的"大家庭"的一员，要读定期发行的"家风"小册子。讲的是"领袖""服从"和"纪律"。

戴笠处分人有三招：（1）骂；（2）关监牢；（3）枪毙。他说了算！不需要军事法庭审判。爸爸只有两招：（1）骂；（2）关监牢。他常对部下说："我把你关起来！"大半是在骂人。当然，他也送了几个到军统局的牢里关起来，他说了算！不需要军事法庭审判。所以队员们私底下叫爸爸"德国人""希特勒"。

因为爸爸没有向他"事先报准"，就自行送张先生就医，戴笠还是骂了爸爸，两人在房间里坐着，骂到停不住了，就很凶地说"把枪拿出来！"（表示撤职的意思）爸爸就把系在后腰的枪拿出来放到两人中间桌上（没有被撤职）。戴笠到底不如蒋介石，他骂到停不住时就打耳光，还要官大才能被打。

戴笠来医院看过张先生几次，有一次爸爸陪他去病房，戴拿了一只琅琴（Longin）手表送张先生，但是他转手就把那表给了爸爸，爸爸目不转睛（不好意思看戴老板的尴尬脸色），把表放进口袋里，那只名表爸爸后来带了一辈子。

二哥也写了这一段，不怕重复，以证其真：

> 张学良得急性盲肠炎，家父飞车数百里送去贵阳就医，救了张先生一命。戴笠曾送一只高贵手表给张（Longin，抗战时稀贵）。戴笠后来去看张学良，看见家父手腕上带着那Longin手表，问家父手表何来？家父面不改色，答道："张先生送的。"就应付过去了。再说张先生送手表给家父，收也不好，不收也不好，不如带着让戴老板看到，免得让队员打小报告。

开刀后张先生没有危险了，医生说是腹膜炎，这次手术只是救急，恢复一阵之后还需开刀。在中央医院的外科病房住了几天，不好意思把整个外科病房霸占太久（外科的其他病人都

搬到内科去了），又不能马上再动手术，于是就先搬到尼姑庵去住。

第二次开刀

贵阳近郊有个黔灵山，山上有个麒麟洞，洞内有菩萨，洞外有一个尼姑庵，有不少禅房。爸爸把麒麟洞和靠近洞尾的一排房子留给尼姑们修行，还亲笔写了一个条子"队员止步"贴在门口，其他的房子租来住。

这时爸爸把修文的大师父、西仔阿咪、一些队员包括熊仲青、蒋友芳（他是蒋介石的远房侄孙）、会计钟子文，还有我这个小胖子，调到了贵阳（我是来陪爸爸的，当时我还没开始上学，后来跟着钟会计每天背九九表，现在打麻将算钱还用得上）。进庵门的右边有一排四间房，张先生和四小姐住最远的那间，吴妈住第二间，第三间是吃饭和后来开刀用的，隔个走道第四间是杜副官住的。庵里的左边对着洞口有一间房子，是爸爸和我住的，蒋友芳常来给我讲故事，其他的队员们住在尼姑们侧后方。在那里刚好赶上过年，尼姑们送了四碟瓜子之类的点心，张先生拿了不少钱给她们，说出家人是吃四方的。

庵里除中年尼姑之外有好几个十四五岁的小尼姑，瘦小苍白，面无表情。过年时她们也可以赌钱，"抽状元红"，我也晃去跟小尼姑们玩，我的"外资"很受欢迎，她们苍白的脸也有了些血色，眼睛也发亮了。有一位小尼姑几十年后还写了一份回忆录，说起张先生住在那里的事，她该有九十多岁了。

后来医生说张先生可以开第二次刀了，上次开刀是外科主任杨静波主刀，两个助手都是贵阳医院的高手，这次杨主任要带另外两个助手来住处动手术，爸爸要求这次也要上次的那两位医生来做助手，杨主任说："他们两位是我下面最好的外科医生，要开刀的人已经排满了。"爸爸说："没关系，我们送病人去医院开刀好了。"杨主任吓得忙说："他们可以来，可以来！"他是怕我们又去占用整个外科的病房和手术室。

第一次开刀时，爸爸把张先生的生命交给三个医生了，第二次如果换医生，会增加未知数。后来张先生自己就说过，那时有人想买通医生把他害死。结果就把那间吃饭的房子关起来，用纸把窗子糊死，里面用木炭火盆烧得热热的。三个大医生就在那里满头大汗地为张先生开刀。手术非常成功，但是病人需要留在贵阳几个月，以便在医生的观察下完全康复。接下来的几个月张先生静心养伤，哪里都没有去，三个医生常来看他，陪张先生打打桥牌，他们都穿西装打领带，从乡下来的我，看他们就像好医生。四小姐那时刚好开始牙痛（如果在修文牙痛可能找不到真的牙医），总是蒋友芳陪她乘小轿车去贵阳城里看牙医，每次都把我带着，做电灯泡，代价是一块美国糖，四小姐给的。

这段时期张先生和爸爸相处得最好，张先生、四小姐还跟爸爸和我打湖南"跑胡"。是用纸牌印着"小"一，二……九；另一组印"大"壹，贰……玖，同一个字各有四张牌。打的方法像麻将，因为牌少，谁要什么牌很明显，四小姐是按牌理出

牌，爸爸是绝不徇私，只有张先生爱帮帮我这个小胖子，老是喂牌让我赢钱，真不清楚是谁在陪谁玩？

我可是乡下人进城，生平第一次吃香蕉，第一次看电影。蒋友芳带我去看《木兰从军》，我还记得那女主角唱"月亮在哪里？月亮在哪乡？"第二次他带我去看武侠片《黄天霸》，回来后张先生问我看什么片子，我说："黄天大霸。"张先生斜看我一眼说："黄天霸就黄天霸呗，哪来的黄天大霸！"

我还记得爸爸常去贵阳城里买佛经，都是线装本，他那时开始自己研究佛经。有一次还进了一家百货公司，买了一把刷中山装的刷子，那店里冷冷清清只有一个人，我记得那是唯一一次看到爸爸自己买用品。

-72-

后来张先生完全康复了，因为贵阳被轰炸的机会很大，张先生的住处已经暴露，上面决定把他们搬到开阳县刘育乡。

贵州开阳县刘育乡

农村生活

刘育乡？没听过，我们在那里住了三年，只听到叫"刘衙"，外面的人恐怕连"刘衙"也没听过，戴笠到底是情报头子，能找到这个穷乡僻壤给张学良住，害他蹲了三年臭茅坑。

下面是二哥的回忆：

看守张学良，要善待，要防自杀，要防被劫持，后者可能是张被困居于贵州很长时间的原因。那时贵州是大后方唯一不受地方势力把持的省份。虽然如此，还是大费周张，警戒的有三十多人的特务队，一连宪兵，加上附近一个警卫团，同时安排了军统局人员为当地县长（修文县王崇武，开阳县李毓槙），曾有一阵派了熊队副（熊仲青）做开阳县政府保警队队长，特务队员在城门口开杂货店，安排周密，郑重其事。

刘衙是一个以种水稻为主的农村，交通不便，汽车只能开到这里为止。村子里大多数姓刘，张学良他们住在刘氏宗祠附近的房子里，是戴笠请工兵新盖的几栋长方形的木板房（刘氏宗祠也租下来给部分队员住），我记得最清楚的是后面的茅房，竹子墙，稻草顶，地上挖一个坑，放两块板子可以蹲人，坑里满是苍蝇和白胖胖的蛆。

贵州人真聪明，为了收水肥，他们在水田旁边盖一个"免费"的公厕，一间茅房，高一丈多，长宽各一丈多，稻草顶，能遮雨，通风，下面的粪坑一丈圆。半空中架了两根长木棍，圆的一根光滑的是坐的，另一根平行的高一些的是扶手的，你要用时坐在光滑的那一根上，抓住高的一根，把自己拉渡到看中的位置。有一次，我们父子几人排排坐，爸爸最里面，我最小坐在刚进门的地方，他们扶着高的那一根，我伸手吊着（人矮手短）。清风徐来，悠然自得，刚好有一个挑粪的来了，在

我们正前方墙上留了空的地方挖他的粪，没抬头，我们也没有跟他打招呼。

在刘衙我们用菜油灯，把油放在一个小碟子里，放入三五根灯蕊。亮度约三五支烛光（类似下面照片中左边那样）。张先生他们用洋（煤）油灯（类似下面照片中右边那样）亮度约有十支烛光，张先生讲过一个笑话：有一个吝啬鬼，死了不肯瞑目，躺在棺材里伸着一根指头，大家说尽好话都没用，他最小的儿子深知父心，把棺材前长明灯里三根灯蕊，拿走两根，老爸才闭上了眼睛。

井里挑来的水不干净，饮水用沙滤水：一个木桶，里面由上到下一层层放粗沙、细沙、木炭、棕榈叶子。挑来的水倒在上面，流到下面竹子龙头放出来的水，已经过滤，可以生饮，但是西仔阿咪还是接这个水，烧开后装在热水瓶里倒给张先生他们喝。

母亲带着我们住在一个大地主刘华清的家里，是个四合院，我们租的是两侧厢房。刘华清六十多岁，清俊精明，一个人住在正房，一个漂亮年轻的丫环翠兰陪着，常坐个滑竿出去，两个儿子在开阳县城读书，回来时还跟我们在月光下玩"抱鹅蛋"。刘华清每逢农历年都会在院子里杀猪，分肉给佃农们，佃农一年只吃三次肉，是在过年、插秧和收割时。他们杀猪是在那石板院子中间放一个矮桌，烧一大锅开水，几个人把猪按在桌上，操刀的拿一尺多长的刀从猪脖刺入向下找到心脏，血就流出来了，流到木盆里，猪一直大叫，血流光了才停。然后一个人在猪后脚腕切一个口，用一根空心竹管捅进去直到耳根，那人从竹管用嘴吹气，直到猪皮胀得像气球，再把猪抬到开水锅滚一圈，两个人可以开始剃毛，背上的鬃毛还要先拔下来留着做牙刷。光嘟嘟的大白猪挂起来，开膛破肚切成一块一块，分给等待的佃农们，内脏和血归地主刘华清。

离我们住的地方不远，是每星期日赶场（集）的地方，一个长草棚有顶无墙，两侧有空的摊位，只有左边第一间有个铁匠炉，平常都是空的，赶场的那天大家都来了，铁匠、卖菜的、卖布的、卖日用品的各就各位，附近几个村子的人都来买东西，热闹得很。在摊位的最后面，爸爸他们加了一间有门的停车间，张先生的黑色小轿车就停在那里，赶场的人第一件事就是去"望车"，他们都是生平第一次看到汽车。

爸爸他们不在这里买菜，每天派伕子（湖南带来的轿夫）去开阳县城买。张先生他们吃饭的房间有一张长方桌，中餐和

晚餐都由阿咪侍候，菜很多。早餐我如果在那里吃，阿咪会送来两个煎蛋，还淋点酱油。张先生和四小姐早上不出来吃，由阿咪每天送进房里去。

小厨房是单独在一个平台上，泥地，厨房里还隔了一间给爸爸洗澡用。大师父是主厨，我放假时还是常去爸爸那里，老往厨房里跑，大师傅做馒头，我就在旁边做兔子，有一天，我看着墙上的金华火腿对大师傅说："大师傅火腿是拿来吃的，不是挂在墙上的。"大师父就客串了一次情报员告诉了张少帅，他大笑了一场。

大家在乡下时好像没有人生病，生病也没有医生，只记得轿夫们生"火眼"，就会来找姆妈，她会配秘方"黄莲冰片"给他洗眼睛，还真管用。

乡下孩子

我那时已开始上小学（期末我考了个丙等，按学校规定我可以升二年级，但姆妈要我留级重读，此是后话）。我们的学校原来是个庙，在一个小山上的树林里，每天上学就看见旗杆后面几棵参天大树，顶上老有几只大鸟。我们都是走去上学，冬天不会下雪，但很冷，同学们都穿草鞋，只有二哥和我穿布鞋，同学们每人提着一根木炭，六寸长，我的是一尺，到了教室后先在自己的桌下生个火（教室是泥地），这才暖过来，下课后大家都攒在桌子下面烤包谷花吃（玉米）。夏天中午就会溜到一条小河去游泳，大家光溜溜地学狗爬式。每堂下课时就在教室里玩球，玩的球叫"线泡"，是用线卷成一个球，只能弹起一次，拿到球的人就把球对着黑板上面的墙壁打去，弹回来在地上一跳，接到的人就可以再抛。只有我有一个真的皮球，"永"字牌的，有一天我一个人玩，球滚到操场的一滩雨后积水边去了，我走过去捡起了球，看见积水表面有几只小昆虫站在上面，长脚长身子长角，但都是细细的，有一只两脚轻轻一划，像溜冰一样溜得很远，水面留下一个扇形的水纹，把本来就平静的水面梳得更平了。

同学们放学后有时会进树林去捡些枯枝背回家，我有一次也跟去捡了一棵枯树扛回家，姆妈看见后心酸地笑了一声，告诉我以后不要再去了。我们是用土灶，前面开一个大口塞柴火，开始要用竹筒吹，灶上放一只大铁锅，烧水、炒菜、煮饭都是用它，铁锅的锅粑真好吃，我常放一些在口袋里边走边吃，那是我唯一的零食。

在刘衕吃水果要自己去采，我因此练出一身爬树的本事，后来在台湾爬三军球场还真管用。刘衕土不肥，苹果长得像樱桃大，叫"花红"。芒果小得像大拇指，野葡萄长得像黄豆大，路边有一种刺梨，像荸荠，白白的有刺，小动物狗咬刺猬，没处下口，就留给我们这些野孩子了。张先生他们也去采野葡萄做酒，一层葡萄一层糖，我们还去过路边一个结满杨梅的树林，满树红红的，我尝了一下就不吃了，太酸。张先生学问大，一定看过那个故事，路边如果有一棵满结李子的树，那李子一定是酸的，张生生为什么还要来几次？因为刘衕没地方

可去！

过年开赌

每年农历年是大家最盼望的，爸爸允许大家赌钱。张先生会在年三十就给我们小孩压岁钱做赌本，年夜到新年的元宵，张先生、四小姐、爸爸、妈妈、我们兄弟和妹妹都是基本成员，另外有熊仲青等人参加，打扑克牌，也玩牌九、抛骰子等。从年夜到初五，队员和工友们也可赌钱，爸爸有时还会当庄，玩湖南"干子宝"两个铜钱，手一转，用碗一盖，猜单双。爸爸走开后，队员们就真刀真枪了，有一次过了初五，他们还偷着赌，爸爸就拿着一根童军棍，从门外一路打了进去，打得特务们跳窗子，大哥（刘伯涵）钻床底，别怕！爸爸的棍子长眼睛的，打不到人！

在开赌的日子，张先生也会和队员们推牌九，他不推庄，不想赢他们的钱，只玩小牌九，每门两张牌，一翻两瞪眼！他老坐反门（庄家的上家），庄家的下家是顺门，对家是天门，玩时庄家按骰子的点数分给每家两张牌，比大小，最小是十点，叫做"瘟十"。张先生拿到两张牌后就把一张给我，他拿一张，如果是五点以下的，大胖子就会叫"细小歪斜断！"如果是八点他就叫"虎头（十一点）金瓶（十点）一起来！"如果是九点他就叫"金瓶大五（梅花十点）一起来！"我这个小胖子如果拿到他要的，就一翻牌大叫"来了！"有一次队员李鸿图推庄，手气很好，赢了很多钱，嚣张起来了。先生跟我说："我要砸他的庄，你看我下一个小钱，你就把所有的钱都下上去。"然后他照常下他的长龙（用一个小钱半压在另一个小钱上，代表下十七道，按照牌的大小赔钱，七点以下赔一道，八点赔两道，以此类推），过了一阵后他只下了一个小钱，我把所有的钱下上去，果然赢了，如此翻了几次后，有些队员看出苗头，也到反门来跟着一个小钱下，没几手就把庄砸了。后来张先生告诉我们，他这可是花了四十万大洋学来的，他跟一个老手赌，总是输，不服气，前后输了四十万大洋，那人才教了他推牌九的秘诀，如何看死活门。

四十万大洋是多少钱？张先生讲了一个故事，当年军阀混战，他父亲张大帅（张作霖）在北平时，派了一个能说会道、长袖善舞的人，交给他四十万大洋，去上海和南方收买人心，巴结军阀们的属下，只为了将来可能用得上。那位特使回来后，向大帅报告，某某军阀的二把手收了钱，某某姨太太收了礼，最后加了一句，他还省了几万大洋带回来了。大帅瞪了他一眼说："四十万银洋你都用不完，没出息！"挥手把他赶了出去，再也不重用此人。

平时姆妈也常陪张先生、四小姐打麻将，打十三张，花样很少，四翻满贯，五翻大满贯。我记得张先生常讲"牌会溜须"——牌神会拍张少帅马屁的意思。姆妈每次去打牌的时候一定要我把她的枕头竖起来，会赢钱！有时开阳县长李毓槙（戴笠派去的县长，我们每住一个县，县长就换成军统局的人）来陪张先生打牌，他总故意捉弄姆妈，扣牌，恶碰，还说风凉

话。张先生乐了，姆妈生气输钱，我枕头也白竖了。

干塘

张先生还在田间的池塘或小河钓鱼，有一次，他在钓鱼，我在附近蹲在田坎上捞东西，一个倒栽葱跌进了田里，张先生听见水响，回头只看到我两只小胖脚朝天乱踢，他大叫一声，附近的一个队员飞步跑过来，一把将我捞了起来。那时四小姐带着吴妈在一个小松林里休息，那位队员把我送去，吴妈帮我脱了衣服去晒，我光嘟嘟地坐在一堆松针上等衣服干。张学良先生救了我的一条小命！缘分！

刘衙连鱼都不好钓，张先生他们发明了干塘，方法是把一条河面约二三公尺多宽的小河，在上游及下游各筑一个小坝，中间的距离约二三十公尺，先用大石头把河拦住，上游的坝要高出水面一些，坝面上游再补上一层小石头和沙子，然后从坝顶倒下泥土，泥土会落到河底，等到能在水面看到泥面，一个不透水的坝就做成了。下游的坝要半透水，大石块堆到约及水面，上面加上一些小石块，留下的缝隙以大鱼游不出去为准，要紧的是下游的坝要比上游的稍浅一些，否则鱼会跑掉。然后在河边架上两架农夫用的抽水车，两个佚子踏着抽河水，等到能看到河底鱼背，就可以下河抓鱼了。抓鱼要看本事，有功夫的特务们双手擒拿，鱼老是从掌中溜走，湖南轿夫用一只手轻轻伸到鱼肚子下面，一抬手把鱼往水桶里一丢，一抓一条，他们都佃农出身，在水田里抓鱼惯了，洞庭湖每年湖水先涨再退会在水田留下很多鱼。有一次他们除了鲤鱼之外，发现很多细鳞鱼（trout），从一个石洞里就抓了一大桶。那时我们只爱吃鲤鱼，大陆的鲤鱼没有土腥味，到了美国后就变土（腥味）了。

生财有道

那时抗战已到最危险的时候，币价贬值，物价飞涨，张先生他们的开销没有问题，实报实销。但爸爸的薪水可赶不上物价，不够家用，姆妈已经做了半房子的豆腐乳和各种泡菜，每天豆腐乳和泡菜（每餐不同的泡菜）之外，还有一个菜，我们最常吃的是煮南瓜，一个大碗放半碗辣椒水，中间放一块岩盐（四川井盐），夹了白煮的南瓜在盐上一抹，又咸又辣，可下四碗饭。有些时候连菜都没有，我们小孩只能吃蛋炒饭，蛋也没有了，就只吃猪油炒饭，姆妈自己总是只吃茶泡饭，还说湖南人喜欢吃茶泡饭。

养鸭子

姆妈聪明能干，她开始想办法赚外快，好给我们加菜：第一是养鸭，姆妈买了很多只小鸭，交给王世忠（湖南轿夫大老王的儿子，那时十岁不到）管，放到别人稻田里找东西吃，白天他用一根竹竿赶鸭子（一根长竹竿头上捆一个竹子编成的勺，用那个竹勺在水田里挖泥巴甩到鸭群的前头，鸭子就会转弯），晚上赶进田边一个草房里，他也睡在那里。鸭子长大

了，开始下蛋，张少帅封了王世忠一个"鸭连长"。后来我们为了上学，要搬到开阳县城去住，姆妈只好贱卖鸭蛋，一个铜板两个，这个差事交给我了，碰到同学来买我就一个铜板给他三个。

做粉条

第二是做粉条，先收购了一大堆土豆（洋芋），用石磨磨成浆，拉磨的马是借来的，是配属刘乙光的宪兵连连长的坐骑，高大的军马。粉条的做法是：先烧一大锅水，把半稀的浆放在一个有很多小圆洞的筛子里，用拳头打那浆使它从小洞下去，一条条的粉条就落到下面的开水锅里，稍煮一下就可捞起来，挂在竹竿上晒干，打包送去贵阳卖（我吃过锅捞起来的粉条，碗里加点盐和辣椒，很好吃），后来因为搬家，没有继续做下去。

一条龙

为了大哥二哥上学，我们家搬到了开阳县城，租了一个单门独院的四合院，姆妈又东山再起，来了一个一条龙作业：酿酒和养猪。

酒的做法是：（1）把包谷（玉米）粒用大蒸笼蒸熟；（2）加酒药发酵；（3）把发酵好的酒酿放在大铁锅里用大火煮开，含有酒的蒸汽沿着木桶上升；（4）木桶上面放一个大铁锅，里面装满冷水，酒蒸汽上升碰到冷锅后就会变成液体（就是包谷酒），顺着锅底流到中间，落到下面的容器，再横着流出去，落到下面接着的酒桶里，成桶运去贵阳，卖给酒精厂提炼酒精，做卡车的燃料，我尝过那酒，酒精度很高，但比高粱酒弱些。蒸发后的酒糟是最好的喂猪饲料，姆妈就用来养了二十几只小猪，酒糟原可再蒸溜一次做"二锅头"，姆妈不为己"剩"，留给小猪们在被宰之前喝好吃好。小猪长成大肥猪了，张先生又要搬家，姆妈请了熊队副把二十几头肥猪赶一百多公里去贵阳卖。路上没吃没住，胖猪走得慢，饿了就往路边找吃的，结果死的死，没死的也跑到沿路的农家去了。我们这位做过修文县保警大队长、剿过土匪的特务，是大才无用了。

滑竿和马帮

1944 年冬，日本鬼子打到的黔南（贵州独山），戴笠要我们搬去贵州桐梓，那时大车已到不了刘衙，他指示我们到息峰去等车来接。刘衙到息峰要走一百多里（华里）的山路，有的人坐滑竿（两根竹竿抬着一个躺椅的那种轿子），有的人走路，我们有六个从湖南带出来的轿夫，只记得四个人的名称叫"长子""大老王""小老王"和 谭家易。张先生、四小姐坐他们的滑竿，姆妈和我及弟妹们还有吴妈也乘滑竿，轿夫是在当地雇的。我坐在滑竿上，只听见轿夫前后呼应，我不记得他们唱什么了。那是前后轿夫互相传达路况用的，也是打破空山寂寞的"音乐"。例如"前面两朵花"：前面两个女子在走路的

意思，后面的唱"千万莫采他"，会小心不碰到她们的意思。前面的唱"右边一泡屎"，后面的就唱"留给狗仔吃"。告诉前面的他不会踩到野屎，会留给狗吃。

其他的大男人们只好走路。但是行李很多，就雇用"马帮"，贵州有很多从四川运盐来的马队，一队二三十匹，由两匹马带头，第一匹挂五个铃当，第二匹挂三个，每匹马可背两大块岩盐，或其他货物，都是川马，又瘦又小，但是很有耐力，最适合走山路。

动身的那天早晨，天还没有大亮，下着毛毛雨，我们都在吃早餐，好像是干粮之类，外面空地上有一群川马，很多已背上了行李，地上还有用油布和麻绳绑得紧紧的行李，一百多件的行李大多是张先生的。后来知道大多数是字画，也有古董。张大帅、张少帅当权时都在北京住过，从清宫流出来的宝物要找主顾，大概会先找帅府，他们会付大钱，挑剩的才轮到故宫博物馆。张先生自己也很喜欢逛北京的琉璃厂去找古画，还受过张大千的骗。

集中营

1944 年年底，我们到了贵州息烽后，暂住在军统局的集中营里，等车来接，原来预计只住几天，但在桐梓天门洞的房子还没完工，所以在集中营多住了一阵子，快过年时重庆先派来一部中型巴士，可坐十几个人，张先生看过之后很满意，但大卡车还没有来，从息烽到桐梓只有一天路程，爸爸就先把我们一家先送走，叫蒋友芳送我们去，还带了轿夫大老王一起，我们到了后住在队员宿舍的前二栋套房。然后把车子放回去，但是那辆巴士回重庆去了，因为戴笠在过年前派不出车队，要张先生他们在息峰过年后再走。我们只好一家人过年了，蒋友芳去换了一大迭红红的新钞，陪我们打扑克。张先生在息峰集中营怎么过年我不知道，但年后重庆派去接他们的只有一部小吉普车和一队大卡车。张先生、四小姐只能坐在大卡车司机的旁边，四小姐一定是唯一一次坐大卡车吧？到了桐梓后，张先生为了坐车的事跟爸爸大吵了一架，爸爸说这是他们第二次吵架。

二哥没有跟我们一起走，因为他初中是一个人在贵阳住校上学，下面是他的回忆：

贵州是云贵高原的一部分，人称"地无三里平，人无三两银"。几个大姑娘只有一条裤子。贵州教育厅长周诒春曾是清华大学的校长，他在贵州花溪聚了二十几个清华大学毕业生，开了一家中学，当然叫做清华中学。花溪在贵阳外几十里处，花木夹溪，世外桃源，不算夸张。全校六个班，两百多学生，与当时南开中学（比南开大学有名）、国立十四中学（流亡学生）齐名。

记得那年（1943年），家父带大哥与我，不远千里到贵阳报考清华中学，却因早上起不来，误了第一堂考试。幸好一清华老师让我们从第二堂考起，若成绩好，可以补

考。后来我补考了，终于可以进了贵阳的清华中学。大哥却没有让补考，还招了爸爸一顿打。这就是做老大的坏处，得承受所有的错。

第一年暑假，我回开阳的家，带回了一张成绩单，上有一年级导师的评语："坏习惯根深蒂固，不可救药"，这样严厉的评语，把父母吓坏了。记得张先生还跑进了我的房间，向我说一些手淫的坏处（作者按：这是只有父亲跟儿子才说的话，母亲都不会说的），弄得我莫名其妙。其实我根深蒂固的坏处，不过是小孩子第一次离家，想家，躺在草地上看小说，哪儿来的不可救药了。那导师是个男的，我向来是女老师的宠物。

爸爸带着张先生由开阳刘育乡秘密迁移桐梓时，要到了之后才能告诉在贵阳住校初中一年级的二哥。爸爸他们途经息峰时，日本人已打到贵阳附近，二哥被学校赶出来，他就回开阳，经过息峰后需向东走路（没钱坐滑竿）去开阳，可是爸爸他们会由息峰往北去桐梓，二哥不知道爸爸已离开阳，他们离开一地，不会告诉别人去哪里，二哥到开阳后只会见不到人，问不到去了哪里。

以下是二哥刘仲璞的回忆：

话说了许多，还没有说到如何再见到龚队副呢。好景不长，在花溪清华中学不到一年，一天老师召集了大家在课堂里，宣告日本的军队已经到了五十公里外的马场坪，你们回家吧（作者按：这使我想起来小学读过的《最后一课》，是第一次世界大战时，波兰被德国占领前夕，小学老师上完课后，跟学生说"这是我们的最后一课！"）。我扛了一条棉被，不记得是步行还是坐马车，到五十里（华里）外的贵阳去找毛舅舅（妈妈的小弟），他在贵阳警卫缉查处做组员，正好缉查处派了一部汽车撤退机要文件去重庆，毛舅舅就安排我上了那车，经过息峰，把我放下来了。

在息峰，我去暑假时曾经住过的旅馆求宿。旅馆内住满了逃难的人。老板娘问我有没有棉被，我说有，她就说，跟我睡吧，你的棉被给客人用。这真是处世不难，一床棉被可走天下。

第二天我去旅馆餐厅就食，龚队副堂堂在屋，指着我说："你知道吗？你父母带着大队人马已到了息峰，人在几里外。"我终于由逃难中找到了家人。正是宁为太平犬，不为乱世人。

龚队副那时是特务队长了，押着杨虎城。刘乙光（家父）押着张学良在贵州息峰，逃难中擦身而过。大时代大人物的事不说了，说些小人物的事吧。

轿夫与尼姑

我跟从家父的大队人马和张学良从息峰逃难到贵州桐梓，

就停下来了。一路无事，只有一个小小的插曲：逃难的尼姑嫁了我们队里的一个轿夫，三言两语就以身相许，尼姑就上了车，轿夫大喜，家父也无话说。

特务队里有六个轿夫，都是湖南农民，冬季无事，出来打工抬轿，被部队雇用为轿夫，跟着逃难，从此没有回去了。

尼姑没了香火，出了佛堂，何人收留，尼姑嫁轿夫，可为一叹！

有歌为证：

去年怪事少，今年怪事多。

板凳爬上了墙，馒头打破了锅。

神来之笔，那年头天上掉不下馅饼来，无肉。

贵州桐梓

桐梓是贵阳和重庆之间的一个重要城市，在公路交通要道上，离县城不远有个天门洞，是河水冲出来的。那条河落差大，水流急，岩石的河床，国军的第41兵工厂就在天门洞的上游建了一个水坝和一个小型的水力发电厂。电力专供兵工厂用，不供电给桐梓县城，水坝后面的湖叫小西湖。戴笠看中了这个兵工厂禁地内，有电灯可用，风景优美，又好钓鱼，可做张学良下一个居留地。他与兵工厂厂长刘守愚少将协商，借了湖滨一栋小洋房给张先生住，另外请工兵加盖了一些房子给其他的人住。

下图就是张先生的居所：在小西湖边一个平台上，前面的山坡是一片竹林，但不挡视线，可以看到湖对岸的悬崖绝壁和远山，是一幅现成的山水画。

张先生居所房子是两栋小洋房，左边的有四五间房，是张先生他们四人住的，但餐厅和小厨房是公用的，右边有一栋两间的房子是爸爸住的，最好的是这里有电灯，不像在修文和刘衙都只能用阴暗的煤油灯，可惜没有抽水马桶，因为没有自来水。

钓 鱼

张先生在桐梓才真的尝到钓鱼的乐趣，小西湖内有一个小

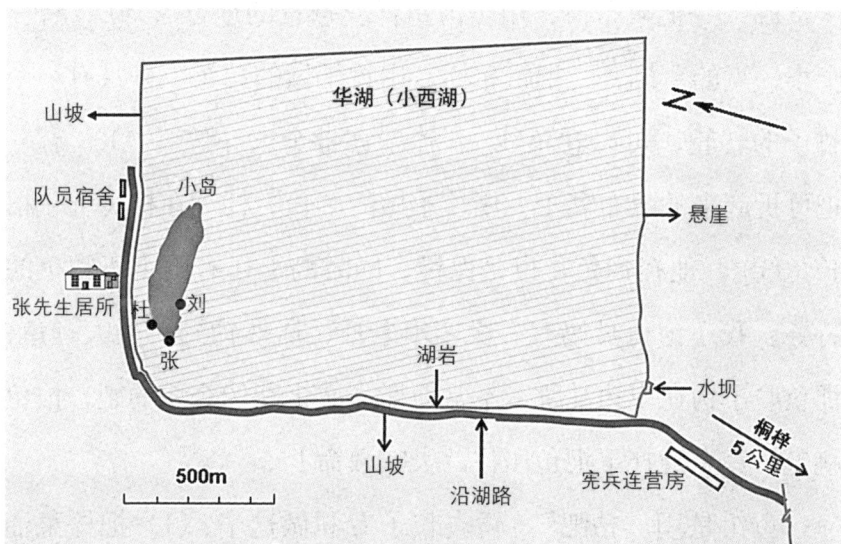

张先生居所简图

住所环境

岛，他们每天都去钓鱼，早上九点多到中午，下午张先生睡好午觉后，三点多又去，到快五点才回来，摆渡是用一条大木船，拿一根长竹竿撑过去。钓鱼的地方是固定的，刘、杜、张各有地盘（请看张先生居所简图）；张先生的地方（张），有一个草棚，一把帆布椅，用美国鱼杆。爸爸的地方（刘），有一个小一点的草棚，一把帆布椅，用竹子做的"车"杆（有一个竹子的转轮，可以卷鱼线）。杜副官带个大斗笠（杜），有一把可折起来的帆布凳子，用竹子做的"长"杆（在杆尖绑一根长鱼线），他在钓鱼，也是保镖，同时岛上还有两个不钓鱼的特务。我还记得吴妈有一次客串老杜，居然钓到一条大鲤鱼，那鱼脱了钩在岸边乱跳，平常斯斯文文走路像企鹅的她，怕鱼跳走，竟全身扑下把鱼压住，大喊救命！

鱼饵是用"枯吧"，轿夫长子专职做这个：（1）把榨菜油剩下的渣做成硬饼；（2）每天早上用稀面粉和硬饼混合揉成一个个小球，然后每人发一包。他们每天都能钓到一两条的鲤鱼，用不完的鱼饵就丢到面前水里，叫"养窝子"，吃不完的鱼就放到水塘里。

四十一兵工厂厂长刘守愚将军为尽地主之谊，也来陪张先生和爸爸一起钓鱼，大概发现鱼上了钩，他一拉杆子的那滋味真好，后来就再来了几次，真钓鱼。

四小姐的贴身女佣

天天看风景

桐梓最好的风景区是天门洞和小西湖，但小西湖入口的那个小水坝旁边的路白天晚上都有宪兵站岗，闲人免入，张先生他们就住在里面，每天看山游湖，不再想去别的地方玩了。那时爸爸他们只有一部小吉普车，另外有一辆大车是必要时带人保护张先生转移用的，平常就用来去城里买菜，所以在那里住了近两年，很少出去玩过。

那些湖南轿夫闲不住，就都去那儿钓鱼岛种菜，我们刚到时那里还是一座荒岛，忽然就一片青绿，原来是瘦长的"长子"种长豇豆，短壮的"小老王"种包心白，壮壮的"大老

王"种萝卜，他们的地盘旗帜分明，没有疆界的纠纷，种的菜都卖给大厨房。小厨房的菜由谭家易每天去城里买，鸡鸭肉（不买鱼）、蔬菜、水果每样都买一篓。大车只能开到宪兵营房那边，谭家易就从那儿挑了送去小厨房，谭和他的湖南太太及一个十一岁小女儿就住在营房附近的民房里。

张先生吃饭前不需要帮忙排桌子的。他老爱站在门前平台上，远眺湖光山色，每天下午5点从湖那边顺着水波会传来一声天籁："谭家易呀，你这个死鬼！还不回来洽饭哪！"（"吃饭"湖南话发音为"洽饭"）。有一天5点过了，张先生说："今天怎么没叫？"

骂中国人

张先生在桐梓时常讲的一句话是"这些中国人！"凡是有人不守新生活运动的规则，例如随地吐痰或是报上狗咬狗的，他就会愤恨地说"这些中国人！"我想他是父亲恨子不成才的那种骂。到了台湾后，再没有听到他讲这句话了，不认儿子了？（现在的台湾人不认老子了！）

外 公

有一天接到外公过世的消息，姆妈在华湖左岸的小山树林里，撮土为香对着湖南湘阴的方向跪拜。张先生知道后，也要去那树林看看。他和四小姐在姆妈和我们陪同下，去那里致意。

外公去世时七十三岁。记忆中他大都住在湖南湘阴的一个农村里，房子很大，好像是在一个山丘上。外公的父亲龙景松曾任前清海军提督，外公曾任江西省民政厅长，退休后就写字、画画、刻图章、收集古董，乡里县里都以他为荣。外公还会用一个小木锤在小木杯里磨花生给我吃。

外公龙吟潭（照片中坐着的），穿军装的是爸爸，他右边的是姆妈，小孩是大哥，左边的是舅舅龙志礼。

姆妈在那种环境下长大，是真正的出身于世代书香！只看看姆妈的照片就知道！姆妈更是新式女子，高中毕业后去南昌中央党校上学，要投身革命，我们有幸！姆妈在那里遇见了当教官的爸爸。

小时候姆妈带我们去外公家住过一阵子，外公的书房有一排木柜，上面放了很多糖瓶子，他每天会在那里的躺椅上睡午觉，我等他睡得差不多了，就会用指头从椅背的洞去捅外公，他会哈哈大笑醒来，我就大叫"哥哥们哦，来吃糖哪！"

大哥小时候不好管，姆妈后来把他送到外公那儿去教养，改他的性情，两三年下来，大哥写得一手好字，画得一手好工笔画。

1944年长沙第四次会战后，外公把他的孙子龙雪祥和大哥交给一位亲戚李达和带来了桐梓，每人背个包走来的。这之前日本兵还真来过外公家，他已遣散家人，一个人正襟危坐在书桌后面，两个日本兵拿着枪进来，看来看去，只见满墙壁的书，只在桌上拿了两颗黄玉图章，在脸上磨擦两下，对外公一鞠躬，走了！

黎明前的黑暗

到了天门洞不久后，姆妈带着我们几个小孩住在桐梓城里，租的房子在县中的隔壁，我那时在桐梓上小学。抗战已到最后关头，民生物资非常缺乏，货币贬值，法币（当时通行的国币）不值钱，数钱不一张张地数，是一捆一捆地算，我们去交学费要用黄包车拉一车去学校，后来学校不收钱了，只收米或者黄豆。其实我们在开阳时已经知道不能留钱了，上一次过年我们小孩子的压岁钱，连赢的全被姆妈收到一起，去买了三斗黄豆。我印象里是三斗，可能更多，每年张先生给我们压岁钱，我的感觉是"发财"了，因为那是和我们的零用钱相比，姆妈给钱不是固定的，我们要时才给几个铜板。

我上学的桐梓小学，操场常被前线撤退的国军或伤兵借用，有一天，我看见三四十个士兵在一起，坐在地上的都是十七八岁的新兵，没有枪，外围有七八个老兵，二十出头[①]，每人背着一支步枪当看守，以防他们逃跑，那些被看守的，应是新抽（抓）来的"壮丁"。这样的军队怎么能打仗？

伤兵们会在操场上等发薪水，一个长官站在乒乓球桌上发钱，大家拿了后就作鸟兽散。在县城的主街（只有一条），常会挤满伤兵，我有一次在那里看"西洋镜"被扒走了四千多块钱，是张先生给的压岁钱加上赢来的，看西洋镜或吃用糖吹出来的孙悟空只要几十块钱，我为什么把全部家当都带在身上？现在想想也好，那位伤兵老哥可以多吃几十碗阳春面。

流亡学生

流亡学生也经过桐梓，他们很多是离家在城市上学的中学生，敌军来得太快，他们就成了无依无靠的孤儿孤女了，例如台湾员林实验中学上世纪五十年代的一位女校长，就从山东带了一批失去了家人的初中学生，辗转到了台湾，分发到员林实验中学，她自己当了校长。

有一天很晚了，一群男女流亡学生就坐在县中和我家的隔墙上，背向我家（他们暂时借住县中的教室，和我家只有一墙之隔），我的印象里，天还没有全暗，他们坐在墙上都不说话，看背影很无奈，在想什么？明天会走到哪儿去？他们差

---

① 抗战时期，新兵都是十五六岁入伍，之后几年内，不是被打死了，就是重伤退伍，很少能在部队里看到三十岁以上的老兵。

不多跟我一样大。

还有"遗族学校"，学生是作战阵亡的国军官兵的遗族，蒋夫人（宋美龄）安排政府人员带着他们走到后方，最后带到了台湾，分发到各中学去读书。这些走过生死边缘、饥寒绝望的孩子，长大了都非常坚忍。例如内人农学院同学张佩良，原来是遗族学校的学生，毕业后就带着妻子两人到巴西去垦荒，种洋菇和巴西神菇（药用菇），非常成功。

市炭车

抗战后期私有卡车能烧汽油、酒精的不多，大都只能烧木炭，木炭车时速只有几十公里，每开二十公里就得停下来清除炭灰和加木炭，上坡时要冲一段路停一下，跟在车后的助手就得用两个三角木把后轮挡着，然后车子再冲一次，那助手只要走快一点就可追到车子，贵州多山，加上娄山关七十二拐，平均时速能有多少？那时有钱人要旅行就搭"黄鱼"，坐运货的木炭车，从重庆到桐梓一个人需付一条小黄鱼（一两黄金），司机成了"地之骄子"！他们在每个要过夜的地方，为了方便食宿，就包一个"二奶"摆在那里。

那时的货车有两种，一是后面有一个密闭的货柜，向后的门在行车时是从外面锁住，客人和货物都被锁在里面，我就坐过一次，要尿尿只能忍住。另外一种是后面敞开，左右及后面各有约一公尺高的栏杆，但是为了多装货物，他们会在三方栏杆之内另外加上木板，货物堆到顶，上面再坐客人，因为有很多麻绳捆那些货物，坐在上面的人一伸手就可抓住一根绳子，小孩子坐在上面就用麻绳绑住。重庆到贵阳的公路经过桐梓，要通过南北两道城门，我们住在南门附近，我看过他们如何过关。城门洞太低，怎么办？挖路基！司机们把门洞下的泥巴石子路挖低两尺。

资遣回乡

抗战胜利后，爸爸那里的大厨、西仔、司机、轿夫等被资遣回乡，多半是搭这种货车回去的，但是他们不需付一两黄金，是特务们送他们上车的。最痛心的是，爸爸队里的×副官，不能马上带太太和小孩去台湾，让太太带着三个小孩先回湖南，她们高坐在货物堆上，路上车子急转弯时，抱在怀中刚出生不久的婴儿飞出去摔死了！哪有妈妈不抱紧孩子的？但是当她急着伸手去抓住坐在两边的二岁和三岁的儿子时，抱婴儿的手松开了。写到这里，我哭了。贤妻说："太凄惨了，你不要写！"可是我还是写下来，这是抗日战争中无数悲剧的一个，那个小小婴儿不应该白白牺牲。也许有人为过去的凄惨对战争多生一分厌恶，尤其是对发动侵略战争的日本鬼子。

联合抗日

张学良西安事变促成了 1937 年的第二次国共合作，联合抗日，讲好了分头作战，各打各的，一打就是八年。抗战是怎

么打的？

1937 年 7 月 7 月，抗战全面爆发，国军正面打正规战，共产党在敌后打游击战。

正面战场

1937 年 8 月至 11 月，淞沪大会战，打得很像样，日本人才知道中国兵并不是不堪一击，将士用命，打阵地战、巷战，前赴后继，国军虽然精锐尽失，但是日军也死伤 4 万人，这是他们根本想不到的。接着首都南京失守是必然的，武汉会战国军又打了一个硬仗，虽然死伤更多，但是迫使日军改变战术，不得不跟国军打"持久战"。

蒋介石把日军引向西南，利用地形减少日军大炮、坦克的威力，机动部队也开不快啦，日军的进展慢下来了，没能占领全中国，中国拖了四年半，拖到了美国参战。

日本军阀忘记了"田中奏折"的一半，奏折内称："欲征服中国，必先征服满蒙；欲征服世界，必先征服中国。"没有征服中国，就想先征服了半个太平洋，于 1941 年年底偷袭珍珠港，最后自取灭亡！

这四年半的仗是怎么打的？国军以血肉之躯挡子弹，日军不是入无人之境，要踏着死人才能过去。蒋介石的战略是"以空间换时间"，国军屡败屡战，以鲜血换空间，一寸山河一寸血！

中共抗日

义勇军进行曲改变了历史：

> "起来！不愿做奴隶的人们！把我们的血肉，筑成我
> 们新的长城！"

后一句是写实，前一句唤起了多少灵魂？歌是要唱的，那凄苍悲壮的歌声，比起蒋介石的抗战宣言，好听，好记，更入人心。义勇军进行曲改变了历史！

共产党在沦陷区抗日，更需要鼓舞。这首歌是他们唱出来的，游击队和老百姓有多少人为之热血沸腾，为国家民族卖命。义勇军进行曲改变了历史！

共军打"游击战"，1937年，八路军和新四军一共只有几万人，在沦陷区开展灵活的游击战，打赢了就跑，弄得日军不得安宁。至1940年7月，已发展至四十余万人，并拥有一亿人口的抗日根据地。1943年年底，日军兵力严重不足，收缩战线，停止向抗日根据地进攻。1944年年初，共产党领导游击队和民兵在华北、华中、华南地区开始向日军及伪军（汉奸汪政府的军队，但是听日本人的指挥）发动全面反攻，直到1945年，拖住了日军的主力，使日军只能困守在大城市和交通要道，不能多分兵打国军。共军打了八年仗，死亡了很多人，到1944年却还有近百万人，那是因为共产党是一边打仗

一边扩充。

中国以农立国，20 世纪 20 年代以前，只有地主压榨佃农的问题。1925 年"五卅惨案"发生后，中共组织上海罢工、罢课、罢市，对付帝国主义，由刘少奇等领导组织的 20 余万工人成立了上海总工会，发动 20 余万工人罢工，5 万学生罢课，大部分商人参加罢市。共产党除了让农民翻身之外，替工人争公平，并组织社会群众。

佃农分到了田，工人不受到老板的剥削，自然会倾向共产党，年轻的当然会参军，国难当头，学生最热情爱国，更会抢先当兵，所以共军越打越多。

国军的兵源哪里来？拉壮丁，部队的兵打光了，就抓十五六岁的小孩子来当兵，由"老兵"（二十出头的，那时当兵的很少几年内不被打死）带着打仗，边打边训练。那时军队还有"吃空缺"的习惯，因为薪粮很少，每个单位都闹亏空，一个连要报二十几个空缺（连长有八十几个兵，领一百多人的薪粮，营、团、师越高"吃空缺"越少，因为连是基层作战单位，兵最多）各级长官并不饱私囊，只是让大家多吃一点！这样下来，平均一个师有百分之二十空缺。蒋介石派去战场的军呀、师呀，都是按照战略调派的，怎么战果老不如意？他不知道还没打仗就打了八折。

全民抗战

抗战的前四年半，中国已分成国统区和沦陷区，富裕的东北、华北、华中和华南（除了湘南）都已沦陷，国军控制的西南、西北只有四川是天府之国，其他都是地瘠民贫，物资极端缺乏，民间只有依靠走私向沦陷区取得民生用品。战略物资呢？在没有外援前也得由沦陷区取得。打仗是打人力和打经济，我们需要用全国的人力和资源跟日本鬼子打，怎样才能做到？

戴笠有办法，他有三招：（1）印伪钞；（2）走私；（3）卖鸦片烟。这还都是蒋介石批准，国民政府通过而且参与的。使用戴笠的军统局和外围组织之外，在行政院下设战时货运局，由戴笠节制，在财政部下特设缉私署，由戴笠任署长。

（1）印假钞：在扰乱汪伪政府金融的幌子下，大量伪造印制沦陷区流通的钞票。戴笠从美国买最先进的铜版印钞机和大宗特制的印币纸，又高薪从美国请来假钞制造专家欧密斯主持指导，军统局在重庆杨家山，秘密印伪钞。

印好的假钞由军统局的管道接运到上海，交给杜月笙在黑市买黄金、棉纱及其他战略物资。这样做有两个好处：一、黄金大部分归行政院（国库），一部分充作军统局经费，战略物资由军统局"走私"入后方交给军需处；二、大批假伪钞流入市面，沦陷区通用的伪钞贬值，伪钞贬值就等于老百姓交税给伪政府，其中一部分变成黄金进了国民政府国库，等于是沦陷

区的人交税给国民政府，做抗日的经费。

（2）走私：国军的大后方穷，沦陷区富，后方民众需要从沦陷区进口日常用品，例如棉纱及其他工业成品。西南只有用特产如桐油等加上鸦片烟去换。但是两军作战前线不能通商，只能走私。因为有利可图，私枭猖狂。

国民政府打仗也需要从沦陷区取得战略物资及民生用品，也只能用走私的办法去交换物资。于是财政部下特设缉私署，由戴笠任署长，下设缉私警察队，专门抓私枭，没收私货。在行政院下设战时货运局，由戴笠节制，顾名思义，有大量货运车。戴笠用这些车来运货，运桐油等土产及鸦片烟（没收来的私货也顺便带走）去沦陷区，运战略物资及民生用品回大后方。这边由缉私队获送至我军前线，然后由忠义救国军（戴笠指挥的，不是真打游击的那些忠义救国军）接应穿过日军前线及敌后。回程一样送接，只是货品不同。

（3）卖鸦片烟：抗战期间，国统区的走私活动包括走私鸦片烟土。戴笠掌握的缉私署和各省的缉私处每年均能缉获大量走私物资，走私物资处理后，军统可以从中提取份额，以充活动经费。历年缉获的大量鸦片烟土烧了可惜，所以拿来"外销"（向沦陷区）。由战时货运局装车运输，武装缉私特务护送经贵阳、桂林运到韶关，然后分三路，一路出遂溪向广州湾，一路出台山向广州，一路出丰顺向潮、汕，全部向沦陷区销售。但是从贵阳、桂林到广东沿线的途中，很多走私犯与缉私人员联手，内外勾结，承揽销售，结果外销之外也内销（国统区)。

也有些真的销到海外去了，地方政府禁烟收来的烟土，还有行政院长孔祥熙从四川种地收缴到数十万斤烟土，从存放地涪陵廉价售给杜月笙，由杜商请戴笠派缉私武装护送到海边，转到香港等海外地区。利润由杜、戴分成。

中国海内外的烟民拿出的钱，孔祥熙的行政院收了大部分，作为经费是戴笠替公家拿到的钱，烟民的健康摧毁了，也算是为国牺牲？

戴笠替政府搞到了钱，牺牲了人民（烟民）的健康，超过红线了？

八年抗战中国没有亡，胜得很惨，全国的人都付出了财产、健康或者生命。

这就是全民抗战！

我们是中国人！中国人的命不是命。两千多年来在封建专制下，被统治的农民已经习惯于逆来顺受，能活下去就行了，快饿死时才会起来革命。

慈禧太后时英法等帝国开始侵略中国，我们割地赔款，逆来顺受！国父孙中山革命推翻了数千年的封建统治，但是接着的军阀割据，农民仍是受压榨，生活只是活着！中国人的命不是命！

但是当日本人要灭亡中国时，我们会以死保卫国家，我们的命不重要，我们是中国人！在国共双方的领导和鼓舞下，八年抗战，中国几百万官兵壮烈牺牲，还有两千万平民老百姓

也牺牲了。

中华民族到了最危险的时候，我们会牺牲自己的生命！

中国人的命也是命！共产党领导下，中国已经是世界第二大经济体，我们有世界上最多的人口，更有最多的海外华人心向祖国。

中国人的命是命！

滇缅公路

沦陷区走私没法取得汽车、汽油、枪弹等战略物资，只能由海外进口，但是中国东南沿海的港口都被日车人占领了，必须另寻出路。蒋介石决定筑由云南昆明至缅甸（英属）腊戌的公路，全长920公里。从那里接上缅甸的中央铁路，通到仰光港（印度洋）。

缅甸北部和云南西南全是崇山峻岭，坡度很斜的岩石高山，公路需要绕很多湾子，才能上下（公里的坡度不能超过8%）。而且施工只能靠人力及简单的工具，美国人估计要三年才能完工。中国人不服气，征招了沿途20个县20万民工，花了9个月就修通了，这些民工都是沿线附近的居民，大多数是少数民族，都是全家出动，男丁加老人、妇女、孩子，一家人带米带盐做饭自家吃。男丁负责做重工及危险的工作，老幼妇女各有职责。有些小孩把养的鸽子也带来了，是好玩？还是留在家里没人喂？有一位漂亮的妈妈背着婴儿打石头。（少数民族带婴儿上阵，全民抗战也！）

滇缅公路于 1938 年年初开工，当年 9 月完工，年底通车。开始从海外运输汽车、汽油、橡胶及其他战略物资，到 1942 年 5 月被日军切断为止，滇缅公路成为中国抗战的输血管。很多海外华侨捐献的物资及时由此路运到中国，戴笠也不必再"走私"鸦片烟去沦陷区了。

华侨出钱出力

据国民政府财政部统计，华侨自 1937 年至 1945 年，八年中捐款共达十三亿多元（国币），平均每年一亿六千多万元。其中南洋华侨捐献比重最大。以财力支持抗战的另一项是侨汇，是华侨寄回祖国赡养亲属汇款，数额比捐款更大。

欧美等地华侨也以侨汇和捐款为祖国抗战作贡献。海外华侨在物力方面对祖国抗战贡献也甚为可观。

海外侨胞出钱也出力，抗战后期，海路被封锁，支持抗战的海外战略物资只能靠滇缅公路运输。当时，国内机工及汽车奇缺，运输十分困难。陈嘉庚受国内西南运输公司委托，自 1939 年至 1940 年间，通过南侨总会从新马等地招募"经验丰富、技术精良、胆量亦大"的机工 10 批共 3200 人，并捐赠汽车 310 辆及其他物资。这些华侨机工满怀爱国热情，离别南洋亲友，回到祖国大西南，在崎岖艰险的运输线，运送各种国内急需的战略物资，平均每天 300 吨以上。而很多南洋华人也回国参加了抗日战争，他们中最有名的是中华人民共和国上将叶

飞，菲律宾华侨。

偷袭珍珠港

戴笠的情报单位在珍珠港被偷袭前，已解破了日军通讯的密码，截听到攻击的计划和日期，告诉了美国。但美国没有重视，结果海军空军在 1941 年 12 月 7 日星期日的凌晨被打了个措手不及，战斗主力舰艇被打沉了好几艘，飞机停在机场上一排排地被扫射，起火爆炸了。美国于 12 月 8 日即向日本宣战。中国的抗战有了转机。

太平洋战争

日本人疯了，在偷袭珍珠港的同时，派南方军 40 余万人分兵数路南进，一年半内占领了香港、马来西亚、菲律宾、印度尼西亚和缅甸。中国与盟国的海上交通被彻底切断，只能靠驼峰航线空运战略物资。

日军还向盟国在太平洋中部和南部的一些战略岛屿进攻。

12 月 25 日，日军占领香港，1942 年 2 月 15 日，新加坡英军 7000 人投降，1942 年 3 月 9 日，印度尼西亚群岛荷军投降。1942 年 5 月 6 日，美菲联军 7 万余人在巴丹投降，菲律宾沦陷。1942 年 5 月 8 日，缅北重镇密支那失守，中国远征军、英印军全面撤退，缅甸落入日军之手。（英军 7000 人投降时，十岁的我第一次听见"投降"这两个字，在大后方，我们只听到兵败失地，死伤无数，没听过投降。原来英美荷军投降是第一选项。中国军队被外国攻打时，有死而已，决不会投降。）

1943 年 11 月 22 日至 26 日，中英美三国在开罗会商，签订《开罗宣言》，确定联合对日作战。

1944 年 6 月 16 日，美军 B—29 轰炸机由成都起飞，轰炸日本九州岛，后来日本主要城市除京都、奈良等外均被摧毁。

日本城市居民逃往农村，工厂没有工人，炼油工业几乎停工，主要兵工厂不是被炸毁就是被严重破坏。日本已无力应战。

1944 年 10 月 20 日，美军在莱特岛登陆，淌着齐膝的海水上岸，在海滩上，麦克阿瑟向全世界发表了著名的《我回来了!》的演讲。

同年 3—6 月，美军在付出沉重代价后占领硫磺岛和冲绳，迫近日本本土。

1945 年 7 月 26 日中美英三国政府领袖发表《波茨坦宣言》，促令日本无条件投降。日本拒绝接受。1945 年 8 月 6 日和 9 日美国把两颗原子弹分别投在广岛和长崎，造成约 20 万人的伤亡。

1945 年 8 月 15 日中午 11 时，日本裕仁天皇宣告日本无条件投降。

太平洋战争打了三年八个月，日本参战部队达 550 万人，死亡 957182 人。减轻了中国国内抗战的压力（按:这次战争

的兵源，很多是从台湾及朝鲜征来的）。

中国远征军

1942年4月，日军占领缅甸，切断了滇缅公路。

英国为了保持他们在东南亚的殖民地缅甸和印度，美国为了不让日本占领东南亚切断中国唯一补给路线，使中国战场能牵制大量日军。英美商量把老打败仗的中国军队拉来打头阵。

蒋介石马上派杜聿明为代理司令长官，归中缅印战区参谋长史迪威指挥。集合中国远征军10万余人在昆明待命，可以随时进入缅甸。但是英军没把中国兵看在眼里，又不愿中国军队踏进他们的殖民地。一再拖延阻挠远征军入缅。

杜聿明的第五军奉命调昆明，待命入缅时，第5军96师副师长胡义宾姑丈把姑母龙志勤和稚子胡警生送到桐梓我们家来"待命"，等待命运的宣判。我记得那时姑母常讲"军长""军长夫人"时的语气和姿势像教徒在讲上帝。

我那时不知道军长是谁，只觉得是高不可及的大人物，我那时还不知道张先生（少帅）的官有多大。

1942年1月初，日本兵猛力进攻，英缅军一路溃败，这才赶快请中国军队入缅参战。中国立派远征军第1路入缅参战。但是早已失去作战先机，中国兵也讨不了好。主要英国坚持先欧后亚战略，一打败仗，就不要缅甸这块殖民地了。他们一直撤退往回跑，中国远征军变成只是去掩护英军撤退，替他们挡子弹。

中国远征军吃得饱，有了子弹，又要为国争光，打起仗来就不一样了。半年内打了好几个漂亮的仗。

从 1942 年 3 月至 8 月初中国远征军半年之中，在缅甸转战 1500 余公里，浴血奋战，屡挫日军。打了几个大胜仗，包括同古保卫战、斯瓦阻击战、仁安羌解围战、收复东枝等。

仁安羌解围战最精彩，远征军新编第 38 师师长孙立人，凭借 113 团一团兵力，打败了几倍于己的日军，解救出被围困数日濒临绝境的英缅军第 1 师，轰动英美。

穿草鞋的国军救出了穿马靴的英军，英军穿着马靴坐着汽车逃到印度去了，丢下国军在缅甸被日军包围。这批远征军后来分别撤退到印度。

穿越野人山撤印过程中有一段不为人知的故事，下面是当事人讲的故事：

我的高中同学杨垂统现在是我的邻居，他的老太爷杨业孔将军那时是中国远征军的参谋长，对那时期战事最清楚。中共 20 世纪 90 年代开放研究国军抗日战史后，曾邀请杨将军去大陆参观国军抗日战争纪念馆。然后请他写下那一段事迹，他有所顾忌不肯写。但是他陆续跟他的儿子讲了很多当时事迹，下面是杨兄告诉我的大要：

蒋介石派到缅甸的远征军分两个指挥系统，一是罗卓英将军、杨业孔将军，罗卓英是远征军副总司令，杨业孔

是远征军参谋长，节制第六军等50000人，受中国驻印军史迪威指挥。另一系统是杜聿明的第五军50000人，名义上也受史迪威指挥，但仍直接受命于蒋介石。英国的亚历山大则是英印缅军总司令，史迪威也听命于他。

当缅甸战事失利，英国撤退入印度后，史迪威仍要在缅甸的中国远征军与日军打无意义的仗。杨业孔将军这时力呈利害，最后说服史迪威在雨季来临前撤退到印度，罗卓英、杨业孔随史迪威去了印度，结果保存了近40000人的生命，后来成了中国驻印军，是反攻缅甸的主力。（作者按：杜聿明的50000人在雨季后才受命由野人山回国，死了45000人，请看后文。）

孙立人带着他的一师人也去了印度，其余远征军一共约40000人，也分别去了印度，在史迪威的安排下，改成中国驻印军。杜聿明带着50000国军穿着草鞋走路，进入野人山，出来的只有四五千人。

远征军第一次入缅作战，出动103000人，伤亡56480人。日军伤亡约45000人，英军伤亡1万3千余人。中国作战伤亡的只有10000多人，其余的死在野人山中。

野人山

1942年4月中，英国军队逃离缅甸去了印度，留下中国远征军对付日本军。中国没有理由再留在缅甸，史迪威命令远征军也去印度，蒋介石命令杜聿明撤回中国，孙立人有见识，建议杜聿明命令全部远征军去印度，因为回中国必须穿过野人山。杜聿明也知道去印度是对的，可是又不敢不听蒋介石的命令，带着他的第五军留在缅北不动，一再向蒋介石婉转请命，蒋介石还是命令他回国。一拖就到了五月中，野人山开始下大雨，蒋介石也许不知道野人山每年5月下旬至10月间是雨季。

杜聿明于5月13日下令第五军穿越野人山撤回中国，命令全军破坏了所有重装备，每人自带两星期的干粮和盐，徒步进入原始森林。野人山方圆四五百公里，穿山而过到云南（直线距离）不过200公里，按里程四五天就可穿过。

新38师师长孙立人没有听从杜聿明的命令，带领7000余人向西撤往印度英帕尔。38师到印度边境时，英军（那时印度是英国殖民地）要求远征军以难民身份，缴械入境。孙立人马上下令全师备战，打他的娘！刚好他在缅甸救出来的英军第一师师长在那里养病，告诉那边境指挥官找错人了！

结果英军用十响礼炮欢迎国军入境，中国远征军全副武装，神气整齐地行军入境，高举八幅特大的青天白日满地红国旗，中国国旗飘扬在印度的天空（历史上唯一一次，是全中国人的骄傲）。他们穿草鞋打绑腿，更显出了中国军人的坚苦和伟大。

杜聿明雨季来临后才进入野人山回国，命令第五军96师断后，阻止日军追击。96师少将副师长胡义宾（我的姑丈）奉命在最后督战，防止日军追入野人山。当日军迫近时他带着

警卫连反身迎敌，胸部中枪，他高大的身影站在那里很久才倒下去。他的那一连兵发一声吼，站起来就往下冲，百枪齐发。鬼子们转身就跑了，日军也不敢进野人山也。胡义宾可能是远征军第一位阵亡的将军。

远征军进了热带丛林之后，脱离了日军的威胁。绿水青山，猴子在树上跳来跳去，有些树上结了鲜红的小果子。穿短裤草鞋的士兵们轻快凉爽，欢乐戏水。

可是后来走路经过草丛，大腿后面马上爬了几只蚂蝗吸血，拔也拔不出来。晚上靠着树睡觉，大蚂蚁爬进草鞋就咬，要赶蚂蚁就不能熟睡，反正蚊子咬得睡不着。很多人被疟蚊咬了就生疟疾。

起初部队还能保持建制，以连为单位，有简单的地图和指南针找北方。但是大雨倾盆，河水暴涨，走路要绕道而行，半个月还没有走出去，只在此山中，林深不知处。

干粮吃完了，长了霉的干马肉也吃光了。毒蛇猛兽不见踪影（怕被当兵的打来吃），猴子听到枪声老早就别处玩去了。只好找能吃的植物了，有人去采满树的鲜红水果，咬一小口，舌头麻了，耳朵失聪；他不知猴子不吃的水果有毒。

大家挤在一起哪有那么多树皮草根可吃，只好大家三五成群分散求生，于是建制被打散了。

这些散兵没有地图和指南针，到后来更迷路了，找不回部队，很多生了疟疾，没有奎宁丸，病得倒下动不得，一群大蚂蚁四小时就把他们吃得只剩白骨。很多人迷路后无所适从，看见前面有一大堆白骨，就顺着白骨走。

第五军 50000 人只走出来 4000 多人，不是被毒蛇猛兽所害，而是被小小的蚊子和蚂蚁害的。那些走出来的，到了中国边境，日军赫然在前，原来鬼子已从海路上来占领了滇南边境！丛林余生者只好向左转还是去了印度！

蒋介石刚愎自用，不顾雨季到来，这次害死了 46000 人，后来失去了大陆。

十轮大卡车

1944 年 5 月，中国远征军打通中印公路后，美国用十轮大卡车运战略物资，从印度经缅甸直接运到中国前线，从此国军渐渐稳住。那时桐梓时常有美国大兵开的十轮大卡车，结队通过，开得飞快，我们学生自动在街上，向开车的老美伸着大拇指高呼"顶好！"他们也会伸着大姆指高呼"顶好！"奇怪的是开车的如是美国老中，就会双手开车，面无表情。我们很羡慕老美啃包谷还要涂黄油，也喜欢十轮大卡车尾灯里的红珠子，偷挖出来当弹子（弹珠）打。

有一天，爸爸带着我们兄弟大的三个在湖边散步，从路边采了一些油菜籽打我们，说"原子弹来了"。1945 年 8 月 6 日美国在日本广岛投下了第一颗原子弹，三天后又在长崎投下了第二颗，六天后日皇宣布无条件投降了，那是 1945 年 8 月 15 日。

下面是二哥的回忆：

记得抗战胜利那年（1945）与家父在路边散步边走边谈，家父说接到上面指示，请求张学良写信给东北旧部，劝他们反正。那时东北军旧部多在东北为日本治下伪"满州国"服役。张学良写了几封信分寄故旧将领。我只记得张作相是其中之一，传言共产党抓东北将领：吕正操、李运昌等入东北受降，也许是误传，家父说的张写信劝降，应该没错。东北军早已投入东北"满州国"了，如何受降？据我所知，杨虎城确实是被禁在重庆军统局基地，或称中美合作所，看管杨虎城的人，就是龚队副（龚国彦），曾经是看守张学良的特务队队副（家父是队长），现在被调派来做看守杨虎城的队长了。杨虎城与妻和小女（被禁后生的，那时只有六七岁）一同被禁。还有一个专用医官，也算是被禁吧。

我那时在重庆上清华中学。暑假去看过龚队副和伯母，但未见过杨虎城夫妇。只听到杨夫人吞金自杀，救后无事。后来听说，大陆失手于共产党之前夕，杨与夫人、小女都一起被枪杀了。

莫德惠来访

胜利后，东北耆老莫德惠奉蒋介石指示，于1946年4月22日到桐梓天门洞来看张先生，住了五天，莫老告诉张先生：

（1）东北的朋友故旧都问候张先生，说白了，只要他登高一呼，他们都会听他的。

（2）告诉他东北的"真消息"（东北旧部的情形）。

（3）苏联已于1945年8月19日进兵东北，占了很多城市，缴了七十万日本关东军的武器。莫德惠和张先生谈话，爸爸大多在场，他们密谈了些什么？（请看后文：蒋介石失去大陆）

四川重庆

戴公馆

蒋介石终于要张学良离开贵州了，先到重庆去等飞机。1946年10月15日，早上4点多由桐梓天门洞出发，车子是重庆派来的。这次仍由原来的特务和宪兵护送，车队是由一部中型吉普车坐了宪兵先行，大队由一部小型吉普车带头，坐了副官赵献端几个队员，跟着是张先生、四小姐和爸爸妈妈坐的轿车，我们小孩和杜副官、吴妈坐一部大型吉普车，其他队员和宪兵坐了好几部十轮大卡车随在后面。

一路无事，下午快到渡河口时，前面有一部军用大卡车故意开在路中间，不让别人超车，他是想先到先过渡，我们的开道小吉普一直按喇叭他也不理，从路旁超车，赵献端用驳壳枪指着司机，他一停车，机枪手张福成拿了轻机枪就打，用枪托。那助手赶快跑到后面，向已站在车外的爸爸立正敬礼，爸爸说："不要打了，不要打了。"大卡车上的宪兵只抱着步枪坐

在行李上看热闹。其实那司机不知道，我们先行的宪兵早到了渡口，把渡船扣住等我们上船，他老兄就是先到，也上不了船。

下午6点到了重庆歌乐山松林坡，住进了一栋真的洋房，有纱门、电灯、抽水马桶，是戴笠在重庆三个公馆之一，那房子很大，张先生他们四人、爸爸妈妈和弟妹们都住在里面，我和七八个队员住在一起，一个长方形的房子一排放了八九个帆布床，我睡在中间。

这天张先生他们大家吃晚饭时，十二岁的王世忠[①]气急败坏地跑进来对姆妈说："太太，太太，那个马桶抱不动！"原来乡下来的他要倒抽水马桶，大家笑得喷饭！

张严佛负责接待

张先生到重庆后，情报局长毛人凤没有来看他，只派中将主任设计委员张严佛负责接待。张先生住进戴公馆后，张严佛带徐远举等大特务来看他。也常带了家人来叙旧，因为他们在沅陵时已交往过。和我们也是通家之好。张严佛是戴笠手下最有计谋又能说会道的人。我们在重庆是为了等飞机去台湾，在戴公馆住了一个半月。张严佛常常带了局里的大特务来陪张先生饮宴。他告诉张学良会飞去南京（蒋介石那时在南京）。但是要爸爸到了台湾后，才告诉张先生那是目的地。从来张先生

———————

① 湖南轿夫大老王资遣回乡前，把他的儿子王世忠留给爸爸，"鸭连长"降级成了小勤务兵。

搬到哪里，都是由蒋介石或戴笠下命令给爸爸。爸爸会马上告诉张先生，让他好有心理准备。要去哪里根本不需问张先生，更没有骗他的必要！这次张严佛为什么要这样做？

告别大陆

1946 年 12 月 2 日，爸爸陪同张先生他们、我们家人（大哥二哥留在重庆上高中）及十几个队员，到白市驿机场乘飞机飞到南昌，加油后改向东南方向飞台湾，当天下午就到了台北松山机场。

前一天爸爸已派得力助手刘长青带了二十几个队员乘同一型的飞机先飞台湾，进驻到台湾长官公署陈仪替我们找好的房子，安排接待第二天张先生到来。此前队上的大厨、西仔、司机轿夫都已经在桐梓资遣回乡。

配属的一连宪兵也在我们离开重庆后归回建制。其他从熊队副以下有家眷的队员，其家属都得等以后由他们自己来接去台湾。我要离开大陆了，告别我的童年，我的童年张先生看得最透，他给了我八个字评语："贪生怕死，好吃懒做。"这是"大胖子"在刘衙对我这个"小胖子"（那时我不到十岁）说的。我一直想请张先生加两个"不"字，把那评语变成"贪生不怕死，好吃不懒做"。但是这两个字是要身体力行去"做"的，不能向张先生"要"。我长大后就一直朝这个方向去做，还真得谢谢张先生给我的"鼓励"。

第二部　在台湾（1946—1995）

竹东清泉

飞到台湾

1946 年 11 月 2 日，早上六点半由重庆白市驿机场起飞，中午到了湖北武昌加油，张先生还以为下一站是南京。我们坐的是 C3 型运输机，仓内两侧各有一排帆布椅，中间空地已堆满了张先生的行李。爸爸还准备了一大麻袋梨子，一大袋火烧（烤得黄黄的干硬面包）。张先生、四小姐先上，选坐左边最前面，两位美国机师进去时，四小姐讲了一大串英文，张先生也讲了两句。爸爸和我们全家（大哥、二哥还在重庆念书，没跟来）坐在对面前头，杜副官、吴妈和队员们接着排排坐。一起大约二十几个人。其他的二十几名特务前一天已由刘长青带着乘同样的飞机去台湾了。大家都没怎么吃东西，只有我吃了些火烧和梨。不到中午到了

武昌，大家下机等加油，两个美国机师在机头前闲看，我们在飞机的左边或站或走动，这时从飞机右边来了一大批人，男男女女，女的都穿旗袍，花枝招展，领头的是一个中将，走过来要用飞机做背景照相，熊队副走上去，张福成带头，四个特务拔出驳壳枪尖指地，马上围上去，熊队副挥挥手说："不要照相！"那位中将说："怎么回事？我是警备司令，这里的治安归我管！你们是什么人？"湖北人熊队副还是不愠不火地说："不要照相！"那位司令也许听不懂湖北话，但看得见四支驳壳枪，带着那群人走了。

再起飞就往东南向台湾飞，下午到了台北松山机场，新竹县长刘启光、保密局台北站站长林顶立和刘长青来接，张先生才知道到了台湾，非常生气。其实每次迁移都是蒋介石决定的，爸爸只是尽早告诉张先生，没有骗他的必要，但是张严佛指示到了台湾才告诉他，爸爸只好照办。

林顶立请大家到他家用餐，那是淡水河堤防内的一栋洋房，房子的二楼有一个有边有角的阁楼。

一语不发

吃饭是在一个大厅里，摆了两张长桌，主人们和张先生、四小姐、爸爸我们一桌，队员们一桌。每桌中间摆着一只大龙虾，菜是一道一道上，四五道后，上来一碗水，洗手用的，同时上水果、香蕉、凤梨等。吃完了？没有！这只是第一轮。这时队员那一桌爆起大笑声，原来有人喝洗手水，有人连皮吃香蕉。我可是见过世面的，几岁时在贵阳就吃过香蕉，那碗水我也没喝，清汤寡油的，不想喝。奇怪的是张先生一向领头笑闹，他是主客，却没听见他说一句话，笑一声。到了新竹住进宾馆，晚餐是刘启光县长请客，同样的座次，同样的大龙虾，同样的菜，张先生还是一语不发，不同的是没有人喝洗手水了。后来才知道，那时台湾最上等的酒席是龙虾席，除了要用最大的龙虾之外，要配最贵的食材，例如鲍鱼、海参之类，难怪在新竹吃的跟台北的一样。我们是土包子，以为那大龙虾是摆样子的！

与世隔绝

头一天到的刘长青来接我们了，他跟姆妈讲的第一句话是"这里的人在房里不穿鞋的"。姆妈问穿什么呢，他说"穿那个桶桶"（拖鞋）。然后去竹东清泉我们的居所，爸爸、姆妈陪张先生、四小姐乘一部小轿车，其他的人坐小吉普等不同的车。先到竹东，从竹东镇到清泉有三十五公里，只有一条运木材的路，最后十五公里是在深山老林里挖出来的，宽度只容得下一部卡车。每隔一段路扩宽一点，可以让对面的车挤过去。路面是土石铺的，久了泥土被冲刷后，路面就有很多横沟。车速只能一小时五公里。一路丛山峻岭，开了个两多钟头才到桃山隧道。姆妈说张先生、四小姐进隧道前，忽然脸色发青。再走五公里后就到了新居清泉（原叫井上温泉），车子只能到桥左边，要走路过桥才到居所。

这里也是这条运木材路的尽头。这里溪水两侧有较宽的两层台地，左岸高的一层是当地"高山"人（现在称"原住民"）聚居的地方。右岸溪边的台地就是张先生他们的居所，（请看Fig1，T1 是桃山隧道入口）就好像在一个葫芦里，对外只有一条通路，葫芦口就是桃山隧道。难怪张先生刚进洞口，脸色发青，他是军人，一看地形他就知道自己进了绝地，有被请君入瓮的感觉。只要封锁葫芦口，谁也出不去！不过话说回来，后来"二二八事变"，爸爸封锁了这个葫芦口，谁也进不来，才逃过了那一劫。（Fig1 中 T 桃山隧道，T1 隧道入口，H 公路，R 张学良居所，B 步行木桥，P 警察派出所及宪兵营房，F 河流流向。）

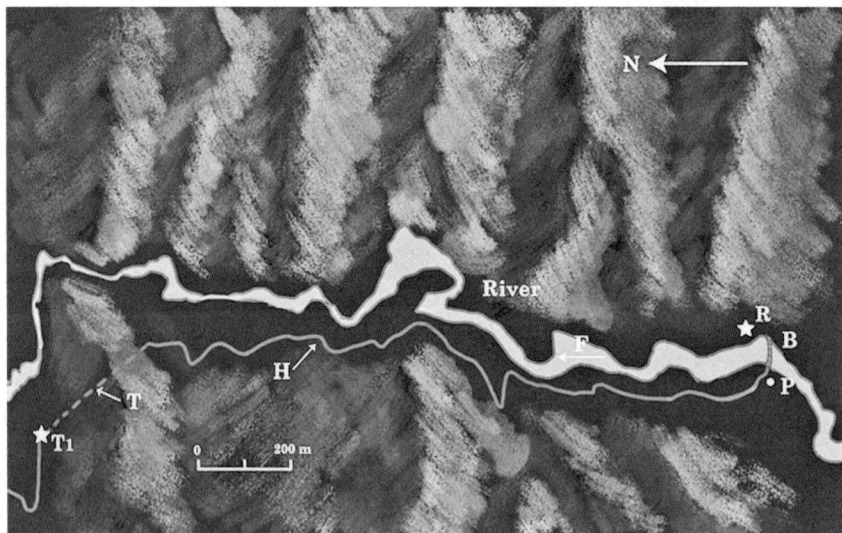

Fig1

居所环境（Fig2）

请看 Fig2，住的地方在步行桥的右岸，单独的一个台地上，过桥后走不到一百公尺山坡就到围墙的大门口，另外只有一条在悬崖下的小路可到大门前，背后是很陡的高山，左面是绝壁，右边没有通路。这地方对张先生看来可能是"与世隔绝"。爸爸呢？落得轻闲，自己研究佛经，打坐参禅，对我们来说那是世外桃源。

A 张学良居所，B 队员宿舍，C 网球场，D 温泉，F 竹子围墙，S 高山，VS 悬岩，R 步行道路，BG 步行木桥，H 公路，P 警察派出所，MP 宪兵营房。

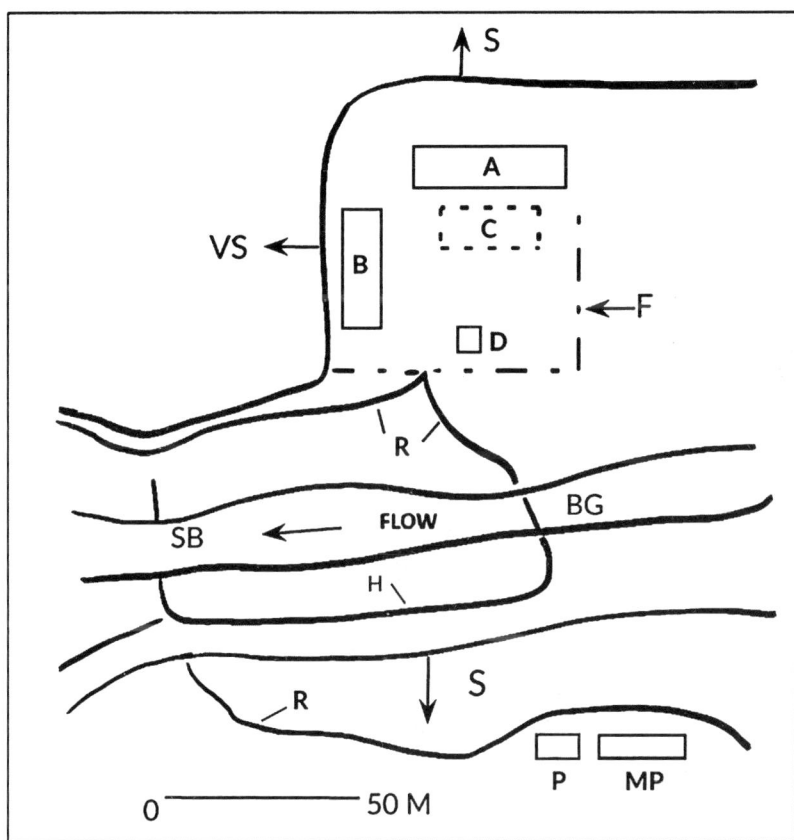

Fig2

太子别墅

A 张先生四小姐起居室
B 张先生四小姐卧室
C 吴妈官卧室
D 杜副官卧室
E 客房
F 爸爸卧室
G 姆妈及我们小孩卧室
H 爸爸书室
I 会计及队员卧室
J 下女及欧巴桑卧室
ET 居所入口（玄关）
LDR 大餐厅
SDR 小餐厅
K 厨房
HW 走廊
GW 落地玻璃窗
GD 张先生种花的地方
OF，BR 爸爸的书房及卧室〔1950年第二次住清泉，左翼房子已被烧了〕

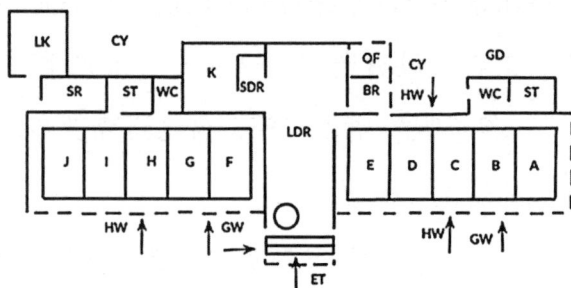

Fig3

请看 Fig3 张先生居所是一栋长方形的日式桧木平房，日本为他们的裕仁皇太子（现在的日皇）专盖的别墅，大门在中间左右两翼各有一排，五间八个"榻榻米"的房间，纸门纸窗，宽宽的走廊外有落地玻璃窗，光线明亮柔和。张先生四小姐他们住在右翼因为在东边，离悬岩远，光线最好，张先生四

照片是大门，右边是张先生，左边是莫德惠。

小姐的睡房在最右第二间，第一间是起居间，一壁全是张先生的线装书，张先生看书写字是在最头的走廊上（就是下面照片中那个地方，后来放了一张书桌及椅子），明窗净几，鸟语花香，抬头见青山。吴妈住在第三间，杜副官住在第四间，第五间空着，是客房。1948 年 5 月后，周念行先生住在这间，他精通明朝历史，是保密局派来协助张先生研究明史的。他的公子周雍逊说：他父亲因为说了一句"张学良很聪明，只是少读了一点书"，结果自己被送来指导张先生读明史，陪关了三年。进口的左翼也有五间房间，都是八个"榻榻米"① 大，也有宽

张先生四小姐坐在他们居室外最明亮的一角

① 日式住房木地板上铺榻榻米，是 5 公分厚的草垫，长宽是 180×90 公分，面积 1.62 平方公尺，普通房间是用六个或者八个榻榻米来定名，例如八个榻榻米的房间加上壁厨，长宽是 4.5×2.7 公尺。一般人坐卧都在榻榻米上，不穿鞋子进房，还需每天跪在地上用湿布擦，榻榻米不能用水洗。张先生睡不惯地上，他卧房里加了一张双人床，爸爸一个人睡第一间，姆妈和我们小的睡在第二间一张木板搭的上面放榻榻米的通铺上。

我们全家福，坐在我们卧室前走廊边，大约是 1950 年照的，左起第一人是本书作者。

廊和落地玻璃窗，爸爸、姆妈、我和弟妹们住前三间（大哥二哥在重庆上高中，没有跟来）。第四间是蒋会计和副官丁昌朝、姜毅端住，最后一间是两个下女和一个"阿妃桑"（老妈子）的卧室。

整个左右翼房间后面还有一条走道和厕所。什么都好，就是没有电灯，用的是瓦斯灯，把一块块的瓦斯放在铜瓶下层，上层加水就有瓦斯气出来，点起来比刘衕的煤油灯亮些，有一个工友温金龙专职管理。大家的饮水是山泉，在队员宿舍后的悬崖中有一个小池，用竹筒接成水管从池中引水出流到下面水池里挑用，水质清凉纯净。

在桐梓的队员只带来了二十几个，到新竹后才另由息烽特务训练班派来一批十几个人，他们都由熊队副（熊仲青）管带，除了总务、事务和会计人员外，其他队员分成巡查组、随护组和警卫组，他们都住在大门后左边悬岩下一个营房，有大厨房，吃大锅饭。离开重庆时，配属爸爸的一连宪兵已回他们的原处，到台湾后由宪兵第四团派了一排宪兵配属爸爸，他们住在河对岸半山上，与警察派出所是邻居。

原住民

清泉两侧山上住了不少的"高山人"，现在叫"原住民"，他们不像汉人，脸形清秀，眼睛比较凹，朴实单纯，以打猎和种植适于高山的农作物为生，用装火药的枪和长刀打猎，种蕃薯、树薯、香蕉、橘子等水果。山上有很多野生山药，他们把根挖来在木槽里打成粉浆，加点盐压成圆饼，用铁锅烤成微黄，存着慢慢吃，也买米来吃，再加上蕃薯，是他们的主食。妇女会织色彩鲜明的麻布衣服，年长的妇女脸上还有刺青，他们生长在自然环境里，顺天而行，有什么吃什么，有点钱就买米酒喝，山中没有任何娱乐，少女唱歌跳舞，男人喝酒，半醉时就起来左左右右走几大步，他们天生有音乐细胞，能自然地

踏着节拍，身体扭动，那就是跳舞！他们不与平地人打交道，不做买卖不从政①，他们不欺负人，别人也别想欺负他们，男人每天都带着三尺长的番刀！

几十年以前日本人来台湾，进山来统治他们，打起来时不知有多少日本兵半夜被高山人摸进营房，用番刀割了头风干了挂在脖子上当勋章。张先生住所那边的神坛就是日本人替死去的日本兵做的。清泉也有几户客家人，在公路到头的附近开铺子，卖糖果，卖酒、米、杂货，是大家聚会交谈的地方。

下面照片中两位包头的妇人脸上刺青，两个光脚女孩都是高山人，陪照的是四妹贯蟾、四小姐及姆妈，请注意光脚的脚

趾都分得很开，那是走山路练出来的，大男人的脚趾分得更开，脚板更厚，光脚走山路不怕石头，不怕刺，不会滑。

君子协定

大家住定了，问题来了，张先生对爸爸极不谅解，认为爸爸对不起他，没有跟他早说要来台湾！他们之间有一个"君子协定"，不是书面的，也不是口头的，只是他们俩相处了十年，一起经历了很多事，自然形成的。他们各守自己的立场，尊重对方，以诚信为本。具体地是每次要搬家，爸爸会在接到命令后，马上就告诉张先生，让他有个心理准备。

这次来台湾，爸爸一到重庆就知道了，可是直到到了台北才告诉他，爸爸心里很难过。虽然是张严佛作的怪，在重庆张严佛中将负责接待张先生，是他告诉张学良会去南京，还命令爸爸到了台湾再告诉他。但是张先生会觉得受骗了，是爸爸破坏了"君子协定"，他对爸爸的信任不如以前了。

警卫布置

在大陆抗战时期，兵荒马乱，爸爸他们要逃日本兵，要防东北军，还有土匪，四面楚歌，除了配属一连宪兵外，特务多到四五十人，平时警戒森严，转移时耀武扬威（驳壳枪挂在胸前吓人，或拔出来指着地上示威，或对土匪真打）。在台湾那些威胁都没有了，又住在环境单纯、地势隐密的深山里，不必天天剑拔弩张。配属宪兵减为一个排，特务少了一些，队员白

天只在大门口设一个岗，晚上才在上面张先生的住房前面和右侧加两个队员保护。驳壳枪白天都收起来了，小手枪也挂在腰后便衣里面，好在张先生老是走前面，看不见有枪。

爸爸新年元旦还叫所有队员向张生生拜年，爸爸陪张先生、四小姐站在他们房间的走廊上，全体队员在下面排队，由熊队副喊口令向张先生、四小姐一鞠躬，张先生回一鞠躬，四小姐微弯腰表示只受半礼，爸爸没有鞠躬。（以后在清泉的十一年，每年队员们都如例向张先生四小姐拜年。）

山里对外联络只有一部警察电话，外出是坐吉普车到竹东，然后乘火车去新竹或台北。买菜则是由司机龚永玉和采买副官每四天去竹东镇一次，替大小厨房买菜，每次还一定要买几块大冰块，小厨房有一个瓦斯冰箱，里面需放冰块，才能保持肉类四天不坏。

爸爸还派资深副官赵献瑞到竹东镇做耳目，他住在区公所后面一栋小房子里，为了工作方便，他娶了一个小巧漂亮的太太，结果还有人向爸爸告状，一张十行纸，歪歪扭扭地写道："鱼肉乡民，霸占华侨之妾为妻。"还好他不是霸占别人之妻为妾，爸爸就算了。我去过他们家几次，看他们老夫少妻过得很好，一点没有被霸占的感觉，她对我就像自家人一样。

区公所何区长和爸爸也处得很好，每次爸爸去台北多半会被何区长拉去打一场网球，他两人身材相若，球技也差不多。他是福建人，区公所股长以上的全是福建帮。

"二二八事件"

情况不明

1947年2月28日那天，派到竹东做耳目的队员赵献瑞打电话来报告，台北发生动乱，公卖局的缉私人员打死了一个卖私烟的妇人，有民众闹事，打外省人。那时爸爸那里没有电台，只有警察电话可以对外联络，爸爸接到这消息后就派采买和龚永玉到竹东去买米和菜类，其实他们两天前才买过个菜、米，还有好几大包。可惜他们空车回来了，因为竹东镇所有店铺都关了门，买不到任何东西，他们还去找何区长，何区长打电话到关西镇，跟他的福建老乡×镇长讲好借米给我们。龚永玉他们去关西，果然借到七八麻袋白米，只是在街上被一批乱民拦住，把米搬下车，在街上烧了，只放空车离开。

第二天，赵献瑞打电话来，根据他网民的消息，台北已有暴民向长官公署示威，抢警察派出所的枪，火烧公卖局，打外省官员和外省人。

第三天，赵没打电话来，爸爸打去也没人接，叫下女萧桑打电话到竹东区公所试一试，萧桑一边发抖一边叫："木须？木须？"（日本话，唯？唯？）电话已经不通，这可严重了。原来唯一对外联系的电话已经被切断了。爸爸把这些情况一五一十都告诉了张先生。

爸爸在第一天接到赵献瑞的电话后，就打电话给情报局台

北站站长林顶立，之后一直由精明能干的副站长刘长青主动向爸爸报告最新情报，可惜电话第三天就被切断了。还好台北站来台才几个月，已建立了很广的网民网。刘长青告诉爸爸的情况是：（1）大多数台湾人都安分勤劳，抢警察派出所的枪和烧公卖局的是少数退伍军人。原来日本投降后，在台湾的台籍日兵有十几万人，加上从海南岛撤退下来的，一共有二十万人，都退伍下来，由政府送回原籍，责成县市政府安排回乡务农，但是有少数调皮捣蛋的人不愿回家种田，就留在城镇里找生活，能干什么？当流氓或做网民。他们有组织但不大，也许一个士官长就是一二十个人的头子。有些人说他们一边当流氓抢枪，一边做网民报告刘长青。（2）共产党在台湾还没活动，稍有名气的只有一个女的谢雪红，另外只有一个成立不久的地下党组织，有杨克煌、苏新、蔡子民、吴克泰等十几个人。

爸爸还找了一个会讲客家话和闽南话的宪兵，把我的飞立浦脚踏车借给他，叫他穿便服出去打探消息，半天后他回来了，衣服被撕得一寸一寸地挂在身上，他说被乱民打了，只好回来。问题是他身上没有伤，难道那些乱民很有分寸？打人时只撕衣服？而且是一寸一寸地撕？也不抢我的脚踏车（谢谢！），也许他骑出桃山隧道后，找一个角落坐下，花三个钟头把衣服撕成细条？

如何应变

爸爸知道的情况是：（1）山外有平地人在打外省人，已抢了一些警察派出所的枪；（2）山里的高山人大概不会生事；（3）台湾光复后大陆派来的两个师，因为纪律不好，已调离台湾，只有剩下宪兵第四团维持全台治安，其中一排已配属我们；（4）在基隆要塞和高雄要塞各有驻军，由要塞司令指挥，但是只负责守卫要塞。

也不知道动乱会多久，爸爸就请来了河对岸的清泉警察派出所所长赵旺华来喝酒，他也是那里高山人的酋长，只会讲高山话和日本话，爸爸找了一个姓萧的翻译一起喝酒，炒一大盘米粉下酒。主要是要把高山人拉到我们这一边来，向他买蕃薯，打听消息，卖蕃薯倒是答应得很痛快，外面的消息他是一概不知。台湾那时只有两三个将官，赵旺华受宠若惊，两瓶清酒下肚，就高举左手大呼"刘少将万岁！"他的右手还握着酒杯！爸爸这下就放心了，高山人不会打我们，会卖蕃薯给我们。

爸爸的战略部署是：（1）每天请赵旺华喝酒；（2）在对岸宪兵营房和警察派出所之间架一个铜钟，以打钟为号，传递消息（警察电话已不通）；（3）叫宪兵排长派一组轻机枪封锁五公里外的桃山隧道；（4）把大厨房的米调一半到小厨房来，大家都吃蕃薯饭，小厨房的饭里有蕃薯，大厨房的蕃薯里有饭。

我们吃饭时很好玩，张先生和我们都吃蕃薯饭，只有四小姐吃白饭，添饭时工友的饭匙长眼睛似的，替四小姐装出来的就只是白饭，四小姐也不客气。

菜没有问题，小厨房存有很多新竹米粉、泰山冬笋、乌鱼

子、金华火腿、香菇虾米、干贝海参，只缺蔬菜和水果。姆妈养的鸡也杀了好几只吃，炒鸡蛋总是被一扫而空，姆妈就叫厨子炒蛋时多加一把盐，不是姆妈舍不得她的鸡蛋，是她的鸡来不及下蛋。

抓到一个探子

3月4日，封锁桃山隧道的宪兵抓到一个人送来队上。那人从外面走到隧道入口，东张西望，宪兵问他要干嘛，他说要进山，问他有没有入山证（那时平地人入山需要先在竹东警察派出所拿到入山证），他说没有，他一个人走来的。看不见路上有车，可是那地点没有车是走不到的，宪兵就把他送进来交给队里。熊队副他们问不出什么，爸爸看那人不像是当过"日本兵"的退伍军人，就决定放人。还叫小厨房送来一大碗白米饭、一碗冬笋炒肥猪肉给他吃，然后由两个特务挂着驳壳枪坐小吉普车送他到隧道口，放了。爸爸不如叫人把那家伙一枪打死，干脆利落，留下来还要管蕃薯。如果是探子，让他看看我们兵多粮足，火力强大，戒备森严，要吓吓那些想来的人，最好不来，不战而屈人之兵。

赵献瑞回来

3月4日下午，竹东的赵献瑞开了一部大卡车回来了，带来了一车米面。3月1日电话断了之后，他并没有闲着，他跟线民联络掌握情况，四号得到消息，共产党员吴克泰已带了好些人到了竹东，准备要进山，营救张学良。这可不得了！他马上去找竹东区何区长商量，爸爸跟他关系不错，何区长很帮忙，借了一部大卡车给赵副官回清泉报信，并且把区公所的米、面给他装了半车带进山里，但是不能派司机。特务们的基本训练是技击、射击、开车。技击只在训练班学了一年不到，十个人也打不过张先生的保镖老杜，开车也没有机会，射击倒是经常练习，爸爸他们一直都背着张先生去打靶。赵献瑞十几年没有开车了，但是进山的路上只有他一个人一部车，总算开到了清泉没有掉下山！

不过很惊险，开车离开时，有一群乱民在放火烧区公所，他有任务在身，管不了啦（道义上他应该回去救给他卡车的何区长，但是开车入山报警更重要，当机立断，任务第一！戴笠训练特务的第一重点是完成任务第一，死在其次，不管是别人的死还是自己的死）。他一踏油门就走了。还没转弯，来了几个拿长枪的人向他走来，他先下手为强，拔出驳壳枪左手从车窗外开枪，准头不好，好在驳壳枪可连发20发子弹，他先朝带头的一扣板机连发四五发子弹，那人倒下了，再要打其他的人时，那些人都跑远了，他一踏油门就走了，看见地上躺了一个，满身是血，死没死他不管了。

到了后他成了队员们的英雄，不是因为他左手开枪，机警突围。他报告后，爸爸交待熊队副马上加强警戒，平时张先生那边白天都没有警卫的，这时也派了两个站在离前面和右面走廊五尺以外的地方，盯着外面，连驳壳枪都带上了，大门原来

只有一个卫兵，也增加一个。还派张富成带了他的轻机枪和两个队员，去桃山隧道增缓宪兵的轻机枪组，一起封锁隧道入口，他们需要多些眼睛和耳朵，这样可轮流睡觉。

然后爸爸去告诉张先生，竹东已有乱民闹事，烧了区公所，赵献瑞带了些米面回来了。但没有提赵献瑞报告，有共产党员要进山的事。他怕张先生多问转身就走了。

午夜惊魂

当天（3月4日）半夜，对岸的警钟突然一阵乱响，这是有紧急情况的信号！大家都起来了，摸黑穿好衣服鞋子（平常在房里不穿鞋子的），六个队员已拿了驳壳枪站到了张先生那边的外面和右侧面，我们这边也有两个，其他队员也都各就各位，守在早已指定的位置。爸爸也穿好军装，把一支左轮枪和驳壳枪都装好子弹，我们睡的是左翼第一二间，第三间是爸爸的书房，他还有一支卡宾枪摆在壁橱里，他去拿枪，走过去时黑暗中看见有一个人在地上爬，爸爸知道任何队员都不准夜间到我们住的和张先生那边的房里来，就是来了也不会在地上爬，爸爸举起左轮枪一枪向地上那人的头打去，只听见一声大叫，不动了！

原来是姆妈养的鸡，有一只进来睡在空书房的废纸篓里，慌忙中把纸篓打翻过来，把自己盖住了，顶着纸篓跑，就像一个人在爬，爸爸黑暗中起手一枪，打死了像人头的鸡。

陈诚将军的三公子陈履碚说："他的枪法真准！"这是我退

休后居在湾区，跟履碚讲这件事时他说的话。

爸爸赶快告诉外面的队员没事，再告诉我们坐在一间房里。然后走到张先生那边去告诉张先生，没事！是手枪走火。但是外面情况不明，请张先生他们穿好衣服，坐在房里等，告诉他外面已有多人保护。其实他们几个人早已穿好衣服穿好鞋，张先生、四小姐和吴妈坐在起居间里，保镖老杜赤手空拳站在那房间的门外把关，别忘了他的拳头有面碗那么大！爸爸去张先生那边从来不带枪的。

爸爸回来后马上召集熊队副和三四位资深队员，在书房开会，我看了一眼，不敢进去。

根据知道的消息，分析是（1）如果有人来生事，多半是共产党吴克泰那些人（退伍军人大概不知张学良何许人也），人数可能不多，武装不强，进不了桃山隧道，进来了也不怕；（2）山地人不会生事，但也不能不防，对策只有两个，一个是守，一个是走。

爸爸的结论是：（1）坚守待变，以张先生为中心，由内而外，由高而低，人数由多而少，到桥头为止分三层据守，保护张先生。（张先生是军事家，他布置防线应该是前面兵多，越后面越少，刘队长摆反了，难道是防他被劫最重要？）（2）派人通知宪兵负责桥那边的防护，派兵守护步桥和天桥的那边，派兵保护车辆。我们地势熟悉，居高临下，背山而战（那个后山只有猴子能上下），武器精良，对付外来的平地人绝对有把握。(3) 走为下策，万一是附近的山地人造反，我们只有走了，

不是怕他们的半夜摸进来用蕃刀割头，是怕他们不卖蕃薯，饿死我们。

爸爸就派两个队员陪司机龚永玉和张义隆过河去把我们的小吉普车和大卡车加满油，试好车待命，冲出去后可到基隆要塞避一避。

散会后爸爸就去张先生那里告诉他情况，请张先生、四小姐两人准备好一个小箱子，如果要走可以立刻动身。

爸爸回到房间来看我们，见我们都穿好衣服穿好鞋，没讲什么，也没叫姆妈准备箱子。那座日本房子除了榻榻米之外，有一个壁橱，旁边有一块小神坛，是打坐和挂书画用的，姆妈就抱着细蛮子（六弟）坐在那里的边上。过了一会儿，张先生提了一个小红皮箱（比一般皮箱小些），用手遮住电筒的光走来，（所有的瓦斯灯都没点，一片漆黑）四小姐紧挽着他的手臂跟着进房。张先生把皮箱放下，坐到姆妈旁边，跟姆妈说："如果有枪响你要躺下来，不过你现在坐得很低，可以了，很好！"爸爸也在房里，他们俩没有交谈，倒好像是张先生在问爸爸，这个箱子够小吗？爸爸说不大！尽在不言中。过了一会儿张先生提着小皮箱和四小姐回去了。后来天亮了，没事！原来有两个高山人半夜在河里用毒籘毒鱼，站岗的宪兵发现河边有火把，呼问："口令？"好几声都没回答，他就对着火把的上方开了一枪，那两个人把火把往水里一插就跑了，宪兵就乱打警钟，原来只是虚惊一场。

张先生的日记

3 月 1 日 （1947 年）

刘乙光告知我，连日台北民众暴动袭击衙署专打外省人在台为官者。

3 月 5 日

连日沉闷，昨晚来了一辆卡车，带来了米面菜等，赵献瑞也来了，一天工夫，寓所如临大敌，我的窗外全布有卫兵，并皆手持武器，这是怎么一回事？请老刘过来，想问一问，他说有事，不来。又见他们焚烧文件，收拾行李，人员纷纷乱窜，有什么事？为什么不告述（诉）我哪！令人烦闷，三请老刘，仍不来，余到刘的屋去，看他十分仓皇。

3 月 7 日

今天他们又对我鬼鬼祟祟的样子，一大早刘太太装模作样地到处偷察看，一定是外面又有什么风声。我想也不外乎那一套，想一想，睡我的大觉去罢。

3 月 8 日

一早，刘太太又偷偷来了，假辞借烟，可笑，吃饭时老刘避而不见，我想想好生气，我对他们以诚相向，并以善言导之，又以好言讽之，使其自觉，他还是那鬼祟小伎俩对我。后来想一想，这是他的职务，后来又一想，"士可杀不可辱"。他这种无礼的不诚实的举动，真叫人生气。

3 月 17 日

连日听刘队长所讲的对台变事，得知大概，真叫人痛心！贪官污吏造孽不小。台湾人这次举动，可敬佩之处不少，然而批评之处亦不少。

天渊之别

其实同一件事，因为立场不同、心境不同，解读就可能有天渊之别。7 日、8 日应该是前述半夜虚惊后的两天，爸爸因为没有什么新情报可以向张先生补充，又不能不理不问，所以叫姆妈去看望一下，人是要到，但又不能说什么，如果大家都是平常心，点点头就行了。可是爸爸姆妈的好意却成了"鬼鬼祟祟""偷偷，可笑"，姆妈一定感觉到张先生、四小姐的冷漠。

张先生可能怀疑爸爸在情势紧急时，为了不让他被外力劫走，会把他打死？以他的经历和处境，恐怕他早已设身处地替蒋介石想好了一两招，他在口述历史中就说过：他在贵阳开刀期间，有人想买通医生弄死他，包括在他可能被劫时把他打死。

密　令

新的传言是"二二八事变"时情报局长毛人凤命令刘乙光，如果外面有人进来要劫走张学良，就乱枪打死张学良和四小姐。这个传言我在大特务沈醉的回忆录上看过，他说得活灵活现，说毛人凤通过电台下了这个命令之后，还规定以后爸爸每天用电台跟局本部联络三次。这完全是不可能的事，因为爸爸那里那时没有电台！电话也被切断，根本无法下达命令！（事后保密局才派段毓奇台长带了电台来清泉报到，这个我已从他的大公子段世尧口中证实。）

原来的传言是：蒋介石绝不能让张学良逃走或被劫走，所以要戴笠下命令给刘乙光，如果情势紧急，就把张学良打死。见于文字的有大特务沈醉的回忆录，他说戴笠在贵阳向他及其他几个人说的，那时日本人已打到贵州（大约是1943年）。那是不可能的，因为如果有那个命令，戴笠不会告诉他的总务处长（沈醉）等不相干的人。另一处是杨者圣著的《特工王戴笠》，杨者圣写的特工王是他查了九年档案写出来的，这更证明他说的不可信，因为档案里绝不会有杀张学良的"手谕"。如果真有这个命令，一定是戴笠亲口跟爸爸说的，不会写下来留一个历史把柄。如果有这个命令，只有三个人知道，但是爸爸不会告诉任何人，戴笠不会告诉沈醉，蒋介石不会告诉蒋夫人。所以沈醉的话不可信。

这个传言是哪里来的？可能是三月五日半夜发生情况时，爸爸召集熊队副和几个负有专责的人开会时说了什么。如果戴笠真有这个命令给爸爸，爸爸当晚会不会把这个命令告诉那几个人？如果讲了，会不会有人把这事告诉张学良？这一点不是不可能。

如果真的有这个命令，什么是"情势紧急"？这要看客观

情势和爸爸的主观判断，这中间伸缩的空间很大，后果很严重，爸爸是极不愿意去面临这个选择。

我不知道有没有那个"密令"，只知道爸爸开过"午夜惊魂"那个会议后，就去告诉张先生有"守"和"走"的两个可能，要看情势如何发展。如果要走，因为只有一部小吉普和一部大卡车，爸爸会带领十几二十个干练的警卫，保护张先生和四小姐突围，熊队副带着其他的人留守，所以请张先生、四小姐只带一个小箱子。

3月6日以后没有再发生情况，一直到10号都没有任何消息，3月11日电话通了，何区长打电话来说，国军已于3月9日从基隆港登陆，平息了动乱。山中12日，一场虚惊，遗患无穷（请看"二二八"前后）。

后遗症

"二二八"之后，张先生的心态变了，爸爸、姆妈和他们相处更不容易了，大家住在一个房顶下，同桌吃饭，我们小孩子还是一样，爸爸一向就是话不多，张先生一旦少说话，餐桌上的气氛就不对了。姆妈一向帮爸爸，打圆场就靠姆妈和四小姐，姆妈是自尊心很强心肠很好的人，对张先生和四小姐很好，但她不会巧言令色，所以心理上的压力很重，经常担心有没有做得不够？小孩子晚上哭会不会吵到他们，虽然两家的卧室相隔了五间房子八道墙，张先生他们不一定听得到，但是姆妈不知道，压力就更大了。情绪紧张，睡不好觉，常跟爸爸吵架，在焖烧锅里过了七八个月。1947年10月，去台北台大附属医院检查，医生说，姆妈可能得了忧郁症，需要住院观察治疗。

1947年8月，为了我去台北上初中，爸爸已请彭梦缉司令把警备司令部的房子拨了一栋给我们住，在中山北路，爸爸派机枪手张富成和一个"啊吧桑"（台湾中老年女佣人的统称）陪我。这次爸爸请了一个月的假，就住进来，安排姆妈在台大附属医院住院，用镇定药物安定情绪，三个星期后回家，在台北休养了一个星期就回清泉，从此就好了。可能姆妈有"神经病"就是这个时间传出去的，"神经病""疯婆子"永远跟着"刘乙光的老婆"（连名字都没有），网络上这样传，连续剧上面这样演，看的人会理所当然地信以为真！

"二二八"前后

1945年10月17日，国军七十军乘美国兵舰在基隆靠岸，那是代表中国来收回被日本占领了五十年的台湾，多么光荣庄严的任务。国军要登岸了，码头上人山人海，男女老少都是来欢迎王师的，大多数是自发自动，都抱着万分热情和期待。

下来了！下来了！下来了一群"婆婆"，远看一群穿棉袄的老太婆，弯腰碎步，扶着船梯下来了。近看原来中华民国国军官兵，穿着把人变矮了的棉军服，十五六岁到三四十岁。打仗行军粮草先行，三四十岁的伙夫（只有伙夫能活得长些，当

兵的三十岁以前可能就被打死了）先行，一根扁担一头挑大锅，一头是米和发了黄的青菜，下船梯时横着半步半步走，接着下来的是冲锋陷阵的官兵，背上背一把桐油纸伞，穿草鞋，还有只有一只的，台湾太热，风纪扣（领扣）没扣，下船时紧抓着船梯的钢索，因为晕船走不稳，下船之后争先恐后，大呼小叫，毫无秩序。这就是来接收台湾回归祖国的国军？倒像刚从战场撤退下来的败兵！接船的人失望之余称他们为"婆婆兵"。

别小看"婆婆兵"，七十军可是百战雄师，参加过淞沪会战、武汉会战、长沙会战、上高会战，等等。

七十军八年抗战，补充了十八次，一个连有 130 余人，伤亡六七十人时，就得就地补充，兵源是自愿投军打鬼子的学生和抓来的农村十几岁的孩子，后来补充的多数是湖南人，"湘军"有名的骡子脾气，吃硬不吃软。

国民政府派陈仪来接收台湾，不称省长而称台湾长官公署长官，走了一个日本殖民地总督，台湾人原来是殖民，来了一个中国长官，台湾人还是次等人！

长官公署的九个重要处会十八位正副处长中，只有一位副处长是台湾人。十七位县市长中，只有四名本省人，并且都是"半山"：从大陆回来的台湾人（外省人来台湾的统称"阿山"）。张先生他们住的竹东区何区长是福建人，区公所股长以上的全是讲闽南话的福建帮，而竹东大多数是讲客家话的客家人。

战争结束时，台湾工农业生产处于瘫痪状态，物资缺乏，米荒严重，物价飞涨，百业萧条，人民大量失业，社会治安恶化。陈仪接收后，凡日本人所拥有的企业，均以"国有资本"的名义接收，而这些资本几乎垄断了台湾工业、金融、贸易等各个领域。台湾长官公署还设立贸易局和专卖局，与民争利。

国民党跟在大陆一样，大员们热衷于接收，吏治腐败，贪污盛行，军警横行，不到一年时间，接收变为"劫收"，台湾人民对国民党政府的态度由期望变为不满。

这期间英勇抗日的七十军，处在满口日语的台湾人中，下意识里还恨杀死战友的"日本兵"。于是扰民事件百出，军纪很坏，结果连同接收南部的六十二军一起被调回大陆整训。

全台湾只剩下警备总司令部指挥全台军警（陈仪挂名总司令，实权在参谋长柯远芬中将手上，是那时台湾唯一中将）。全台军队只有宪兵第四团（其中一排已配属爸爸，团长张慕陶少将是爸爸好友）的两个营和基隆高雄两个要塞的守军，高雄要塞司令彭梦缉，基隆要塞司令史宏熹。

台湾人爱烟爱酒爱嚼槟榔，台湾还盛产樟脑，长官公署特设烟酒专卖局，把小市民可以靠以为生的小生意收归公有，随意定价，大挣老百姓的钱。还好卖槟榔太麻烦，留给小市民在街头摆摊子，成了台湾一景。20世纪40年代，台北每几条街就有一个槟榔摊，满街一地都是吐出来的暗红色槟榔渣，我天生好吃，什么东西都爱试一试，有一天，我买了一粒夹了石灰的青槟榔，放进嘴里一咬，马上头晕得站不住，赶快吐掉才好

了，台湾人能嚼槟榔是练出来的，中国一绝。

有个 40 岁的寡妇不摆槟榔摊，在街角摆了一个糖果摊卖私烟养她的一子一女，有一天（1947 年 2 月 27 日）被专卖局的缉私员打伤。过路的气愤不过出头干涉，打了起来，缉私员开枪打死了一个看热闹的。第二天愤怒的市民前往包围专卖局抗议。

有些退伍的台籍日兵，英雄有了用武之地，他们组织起来，领头闹事，去警察派出所及军械库抢枪弹，烧专卖局，包围长官公署。并且开始打外省人，那时外省人多数是政府机关的公务员和单身的中小学校教师，两个星期打死了 1000 多外省人，但是大多数台湾人却打开小门收留外省人，把他们藏在家里，外省人很少再死。

（下面是贤妻的同学胡宪武跟我们讲的亲身经验："二二八"时，他母亲带着他们小孩在基隆上岸，他父亲是光复时来台高官，安定好了才接家眷，派了台湾司机来接他们，码头上已经很乱，那司机机警，走了一下就回头向市政府开，叫他们下车去市政府避难，这时看见一位年轻母亲抱着婴儿坐黄包车，被流氓（穿日本浪人衣服，极可能是台籍日本兵）拦住，用台湾话和日本话问话，她听不懂，两个浪人把那婴儿抢下来，每人拉着一手一脚，把那婴儿一撕两半！然后把那嚎哭的妈妈也打死了。（台湾人不会如此残忍，做这事的是"台籍日本兵"里的少数，我知道很多台湾人主动把外省人藏在家里，救了他们。）胡伯母赶快带着他们去市政府，门口伸出六支长枪对准他们，胡伯母赶快用上海话说："啊拉上海人！"那些卫兵看见他们小孩都穿长袍，不像台湾仔，就叫他们去里面和一堆避难的人坐在一起，不准乱动。

但是有组织的流氓鼓动群众集结于长官公署门口示威请愿，公署卫兵向市民开枪，死伤了不少台湾人。

高雄的台籍退伍军人，看到北部抢军火容易，台湾人的警察同情乱民，来了就让。退伍军人的代表拉拢几位有政治野心的当地士绅，一起去高雄要塞招降彭孟缉！彭孟缉二话不说，把他们都抓起来。

他那时有 1600 官兵，20 辆大卡车，他命令每辆车上站四个兵持机关枪站在四角，布置在寿山脚下及西子湾洞口，每车附近还有一排持步枪的士兵。然后把几个带头乱民和地方精英扣留下来，其他的代表装在一部大卡车上，经过布置好的"卡车大阵"送出要塞放了。此后高雄市都没有乱民了。

但是陈仪把局部的经济和政治事件夸张成推翻政府的大事变，蒋介石就派了 21 军来台镇压，在基隆下船后，枪杀了一些码头上和街上的群众，接着从基隆打到台北。柯远芬命令21 军继续南下清乡，警总跟着抓人，把台湾的精英分子抓进台北延平南路总部，关进三层大楼钢筋混凝土的监狱。真的闹事的退伍军人早就逃散了，没打死几个。

1947 年 3 月 17 日，国防部长白崇禧奉蒋介石之命来台，在"二二八事件"后，宣慰人心，查明真相，至 4 月 2 日完成任务返回南京，前后共计 16 天。白崇禧视察基隆、高雄、屏东、台南、台中、彰化、新竹各县市，前后 5 天，知道真相是错在陈仪的殖民统治和柯远芬的滥捕滥杀。28 日下午 3 时，白崇禧召集柯远芬等开会，柯远芬理直气壮地说"宁可错杀九十九人，只要杀对一个"。白崇禧呵责之后指示：一、现所拘捕关于"二二八事件"之人犯，从速依法审判；二、今后拘捕人犯，必须公开依照规定手续为之；三、除台湾警备总部以外，其他机关一律不得发令逮捕人犯；四、凡曾参加暴动之青年学生，准予复学，并准免缴特别保证书及照片，只须由其家长保证悔过自新，即予免究。

并送蒋介石台政改进意见。行政方面，台湾行政长官公署可即改组为省政府，另派省长。"查现任台湾警备总部参谋长柯远芬处事操切，滥用职权，对此次事变举措尤多失当，且赋性刚愎，不知悔改，拟请予以撤职处分，以示惩戒，而平民忿。"蒋介石批示："应先调回候审"。柯远芬被押解回南京，承担镇压台胞的责任。

事后估计死伤人数出入很大。

杨亮功调查报告：死 190 人伤 1761 人。

白崇禧报告书：死伤 1860 人。

《纽约时报》霍伯曼南京专电：死 2200 人。

台湾警备总司令部：死 3200 人。

一般估计从死 800 多人到 20000 人。外省人大约死了 1000，台湾人从几百到几万。

这原来是一件局部事故，结果演变成"二二八事变"，分裂了台湾，造成了几十年后今日台湾的民粹至上，没有是非，只看蓝绿，宝岛台湾是没有希望了。

张先生 1937 年 3 月 17 日的日记：

> 连日听刘队长所讲的对台变事，得知大概，真叫人痛心！贪官污吏造孽不小。台湾人这次举动，可敬佩之处不少，然而批评之处亦不少。

恢复正常

1948 年 11 月，爸爸带姆妈回清泉，张先生、四小姐对姆妈的态度大为好转，张先生对姆妈的生病大概有几分同情和一丝内疚。"二二八事变"已过去快一年，后来大家知道事情闹得很大，死的人估计从八百多人到数万人。张先生也许知道当时爸爸在消息隔绝、情况不明下的处置是恰当的，对他也没有恶意。张先生是豪爽汉子，心里没有事，太阳就出来了，他开始大声讲话，嘻嘻哈哈，姆妈也不再紧张，大家又回到了从前。

那年的农历年我最开心，跟张先生打扑克牌我一共赢了四万块台币（那时还用旧台币），我写信给在重庆的大哥二哥

说："我可以随心所欲地买一些东西了。"我说话算数，还真花了一万多台币买了一支派克钢笔，第一次加墨水时，尊重其事地把笔尖对准瓶底，用力下压，把笔尖压弯了！一个字都没写。那是我平生第一次拿钢笔。

有一次打扑克，我的底牌是2，第一张明牌是Ace，我出大钱（bid big），后来三张是Q、K、J，我每次都出大钱或者反加，好像我有一对大牌，最后大家都退出了，只有张先生还在，他有一对明对10，实有两对，只输我的暗牌是10，张先生先出钱，我反加，张先生反加，我再反加，他斜眼看了我半天，把牌一翻，不看了！我一开始就投机的战略成功了，赢了钱之外还把底牌翻给他看，气得张先生跳起来，双手用巴掌乱打我的头，最后手指碰到我童军帽上的别针，忙用嘴巴吸血。张先生不是赌"钱"，是在赌牌技。大胖子输给他的徒弟小胖子，没事！

莫德惠来访

1947年5月12日，东北耆老中央委员莫德惠来清泉看张先生，他是蒋介石特别准许的，这次没有什么特别任务，只是带来一些老朋友的关切。他送了一部无线电收音机和果汁机，都是可以用电池操作的。莫老在清泉住了六天，每天跟张先生深谈、散步，照了不少的相。附上一张照片：中间穿西装的是张先生，他旁边的两位女士，瘦的是四小姐，胖的是姆妈，再左边的大人物是莫德惠，站在最下面的是爸爸，我站在他上

第二部 在台湾 (1946—1995)

面，那时我十四岁，三个小孩装模特儿的是妹妹（十岁），男的是大蛮子（六岁）和细蛮子（四岁），我左边的是吴妈，另外三位穿"便衣"的是队员。台阶有十八级，我后面的房子是张先生的居所，比下面的网球场和队员宿舍的平台高三公尺，我站的地方就是夜间一个警卫站岗的地方，"二二八事变"午夜惊魂时，这个平台上有八个警卫，六个在张先生这一边，居高临下（请注意后山的树林，那时高坡上长满高树，平地人没法下来），是最后一道防线。

另外一张是早已广为传布的打网球的照片。照片中爸爸穿西服裤，卷起衬衫袖子，那是他的球装？是的！他就是那样陪张先生打网球。莫德惠穿皮鞋打网球？不，他只是在照相！四小姐呢？她不会打网球，这些小节不重要。照相就是选一个背景，摆一个样子，传一个讯息。请看他们四个人之间的距离，传出什么讯息？我看到的是：张先生自然是中心人物，四小姐永远站在张先生旁边，后面，莫德惠是张先生那边的，爸爸跟张先生、四小姐一直保持距离。

张严佛的报告

告御状

1947年10月，爸爸请假陪姆妈看病期间，保密局局长毛人凤派局内设计委员主任委员张严佛中将来代替爸爸一个月，他于1947年10月2日到了清泉。负责看守张学良一个月，张严佛在离开之前两天还安排张治中上将来清泉和张先生密谈了二三个钟头。回去后两人都写了报告。张严佛著《张学良被军统局监禁的经过》（下面简称"张文"），告了爸爸一大状，张严佛的报告全是借张学良之口说刘乙光一家人的坏话，交保密局长，转呈蒋介石。张治中的报告是把张文长篇大论的骂人话综合为一小段，并加上："张学良"请他转呈的两点要求，亲呈蒋介石。"张学良"请他们转达的是：（1）希望能恢复自由；（2）希望刘乙光全家能搬出他住的房子。就好像一个钦犯向皇帝请求把他放了，如果不放也行，就换一个狱卒。张学良有那么笨吗？只提要求放人就好了，自己出去了，管他刘乙光全家住在哪里？其实这两点是张严佛假借张学良之口说的，请张治中直接向蒋介石提出的，目的只是要把那个狱卒赶走。

张治中去见蒋介石，呈上报告说了一些张学良的近况，蒋介石一脸不高兴，不置可否。张治中就去见蒋夫人，她先说了一句"文白，我们对不起张汉卿"（文白是张治中的号）。他温文儒雅，是蒋介石夫妇的爱将，蒋夫人有一次穿着高跟鞋要过一滩水，张治中急忙脱下上衣，（希望不是军服）铺在地上让夫人踏着过去。蒋夫人看了张学良希望获得自由的请求，她说："这一点不容易做到，恐怕现在得不到许可。"至于要求把刘乙光全家赶走，她说："我一定想办法做到。"

1947年11月底，也就是张治中从清泉回去不到一个月，爸爸接到保密局的命令，调职去接任杭州交通警察总队少将总

队长（忠义救国军改编的，有一万多人）。我们在台北中山北路的家中，行李都打包好了，放在客厅里。12月初接到蒋介石召见的命令，爸爸到南京晋见，蒋介石跟爸爸说："你回去，以后没有我的批准，任何人都不可以去看他。"总队长没有当成，继续当他的少将刘专员，专门陪张先生。

蒋介石不信谣言

张文里直接"引述""张学良"的话："二二八事变那几天，刘乙光恶狠狠地盯住了我，好像要把我吃下去，话都不跟我说……""夜深了，我还听见刘乙光和他的部下时而嘈杂喧嚷，紧急集合，时而又蹑手蹑足地窃窃传话……，就在这个时候，刘乙光部下还有宪兵偷偷告诉我说：刘乙光已作好准备，如果事情闹得不可收拾，为了防止我越狱逃跑或被台湾人劫走，他就采取紧急处置，把我和四小姐打死……"

这就是指前面说的那个"密令"，张严佛这个报告经保密局送到蒋介石那里，他怎么不处分爸爸？如果蒋委员长下过这个命令，刘乙光不能控制他的部下，会偷偷告诉张学良，有部下叛到张学良那边去了，那是爸爸的无能，起码也得撤职查办。唯一的解释是蒋自己没有下过那个"密令"。

张文加上"还有宪兵偷偷告诉我说：'刘乙光已作好准备把我和四小姐打死'"可就露馅了，因为宪兵根本不准许接近张学良，也不会知道那个"密令"。说不定根本没有那个"密令"，张严佛假张学良的口，编了这个传世的大谎言，他可能才是始作俑者？（从南京开始，看守张学良的宪兵只守外围，不准接近张先生，不准与特务队员有横向联系，只有主管的连长或排长受命于特务队长刘乙光，并且才可以接近张学良。）

张学良的尊严

张严佛说他到清泉的第一天晚上，和张学良长谈四五个小时，他说张学良谈起十几年的囚禁生活，受尽了刘乙光夫妇的凌辱和精神虐待，含冤抱屈，无处可诉，几乎一字一泪，痛哭不止。这简直是对张学良极大的侮辱！张先生是什么人？他怎么会在别人面前"痛哭不止"！何况是一个来看守他的特务。至于刘乙光夫妇是不是他说的那样，以后再说。就算真的，张先生他会"士可杀不可辱"，争斗到底，绝不会痛哭！知道张学良的人都不会相信这样有损张先生尊严的谎言。

杂七杂八

张严佛编了很多"张学良说"来骂刘乙光全家，我要一一捅穿，对刘家的事没兴趣的人可以跳到"懒人包"去，不必听我东拉西扯。

张文引述张学良的话："台湾省陈仪主席陪他们到清泉，指定光线好的那一边（右边）给张先生住，等到陈仪走了后，刘一光硬是把他赶到另一边去住，自己一家人住了好的一边，等到第二次陈仪再来，才叫刘乙光搬回去。"其实陈仪根本没有陪到清泉，他12月15日才第一次来清泉看张先生。我们是

一开始就住在左边，没有搬来搬去。

张文还引述张先生的话"十几年来，夫人（指宋美龄）及亲友们送给我的东西，常被刘乙光夫妇克扣，有时一半……"谁能相信？蒋夫人送的东西谁敢扣一半？（三十几个特务都是情报员，每个人都可以打"小报告"，直接送到局本部。）爸爸会为了几块巧克力糖和几串葡萄，去冒被撤职查办的危险？我倒是吃过蒋夫人送的东西，有一次工友送来一箱（大约一公尺高的纸箱）蒋夫人送张先生的礼物，爸爸把顶盖打开随便动一下表示检查过了，然后叫工友抱着开着盖的箱子送去张先生那边。过不久张先生来了，给了我们两串葡萄、几块巧克力，是蒋夫人直接从美国寄来的。

张文又引述"每次吃饭，刘乙光一家六七口，大的十几岁，小的一两岁，都同我们一桌，他们吵吵嚷嚷，抢着吃。我和四小姐几乎每顿都吃不下饭。刘乙光的老婆有时还指桑骂槐地骂小孩，而暗地里是骂四小姐"。

我讲个张先生常讲的笑话吧：文吃武吃：张先生请人吃饭先问客人："你要武吃还是文吃？"客人问什么是武吃？主人答："大家抢着吃。"客人问："什么是文吃？"主人答："大家分来吃。"客人忙说："文吃。""文吃"张先生就开始分菜了，"这盘红烧肉是我的""这碟酱油是你的""这盘烩海参是我的""这碟醋是你的"就这么分下去。我们跟张先生吃饭是文吃？武吃？其实张先生性急，吃饭时他的嘴巴动得很快（是我看过的动得最快的人），狼吞虎咽很快就吃好了，最后"吃"橘子水，他把橘子放在嘴里咬碎再吐出来，只吸橘子水，一气呵成吃六七个橘子的水（莫德惠送过一个果汁机，但山中没电没有用，结果张先生的口腔和牙齿都很健康）。然后开始讲笑话，或者是讲他当"小旅长"时候的英勇事迹。四小姐和我们大家一面听一面慢慢吃，菜很多，用不着抢，姆妈也不用骂我们。

姆妈出生书香世家，识得大体，协助爸爸的工作很有分寸，调教我们从小就知道尊敬张先生，在我们心里，张先生是一个高高在上但又和蔼可亲的长者，我们绝对不会生冒犯他的念头，不会做他不喜欢的事。张先生常在他的日记里说我们有"赤子之心"。四小姐对四妹贯蟾很好，对我们也好。

懒人包

1. 台湾"二二八事变"，张学良跟爸爸的关系转坏，张先生怀疑爸爸会在情况危急时把他和四小姐打死。

2. 蒋介石、戴笠有没有口头密令刘乙光在情势紧急时把张学良和四小姐打死？我不知道。

3. 如果有这个命令，唯一可能泄漏的时间，是"二二八事变"的第五天发生虚惊的那一夜，三四个参加开会的队员之一，把爸爸告诉他们那个命令，告诉了张先生。

4. 根本没有这回事，是有心人编的"密令"，为的是给蒋介石加一条历史罪名，谁是始作俑者？

5. 爸爸看守张先生二十多年，保密极严，外面来的访客只有湖南省主席张治中（三次）、贵州省主席吴鼎昌、国防部长

何应钦（贵阳探病）、台湾省长官公署长官陈仪、台湾警备司令部参谋长柯远芬、东北耆老莫德惠（三次）。只有莫德惠和张治中发表过一些照片和消息。

6.特务队队员有四五个写过回忆录，有四五个被访问过，他们知道的是片面的，大致可信。

7.唯一的缺口就是张严佛在清泉，负责"看管"张学良一个月后，回去写了一篇文章：《张学良被军统局幽禁的经过》。张文里说："张学良"跟他诉苦说：刘乙光是小人得势，凌辱虐待张学良，过分限制他的自由，抢好房子住，克扣蒋夫人送的礼物，"二二八事变"时准备必要时杀了张学良和四小姐。刘乙光老婆是"泼妇"，有"神经病"，骂四小姐，帮爸爸对付张学良。一大堆没教养的小孩子跟张先生吃饭时吵吵嚷嚷，抢着吃。这些全是谎言。

8.真相是：爸爸奉命看守张学良，没有利用职权去过分限制他的自由，但也不会故意讨好他，张先生也了解爸爸的立场，君子之交淡如水（但还是有高下之分，爸爸称张学良"张先生"，张先生叫先父"老刘"）。姆妈全心全意帮助爸爸，使日子过得融洽些，这也是戴笠叫我们一家人常常陪张先生、四小姐的原意，增加一些家庭气氛，如果只有他们三个人，二十五年每天一起吃饭，爸爸很少讲话，四小姐只讲应酬话，张先生爱讲话没有听众，那饭吃起来是什么滋味？三个人都会得胃溃疡！我们小的从小跟他们在一起，听张先生大声讲故事和笑话，嘻嘻哈哈地吃饭。在我们心里，张先生是高高在上但又和蔼可亲的人，张先生呢？玩起来有伴，高声讲话时有听众。

蛇的故事

我写这些东西想到什么写什么，清泉多蛇，爸爸他们在这里住了很多年，有不少蛇的故事，我就一起告诉大家吧。

我们刚到时，可能因为那里很久没人居往，草坪里、路上、树上到处是蛇，有一个队员走路看见前面有一条大蛇，他弯腰去捡一根杆子来打蛇，那根杆子动了，原来也是一条蛇。一个队员早上去开大门，一伸手差点抓到一条蛇，后来警卫队的人站岗，带枪之外要带一根竹竿，打蛇要用软杆子，木棍只能用头尖点的，没用不要紧，只怕你会被反咬一口，所以要用能弯的竹竿。

有毒的青竹丝最危险，它盘在绿叶子的树上很难看到，大家只好有树的地方不去。还有百步蛇、龟壳花、赤练蛇都是极毒的蛇。没有毒的有锦蛇、水蛇和蟒蛇，山上的大蟒蛇可以把一条鹿蜷死，它选择还没有长角的幼鹿，弄死后一口吞下，可以消化一个月。我还看见一条大约半丈长的蛇，在地上不太动，一看它嘴里有半节尾巴，原来是倒吞了一条差不多长的蛇，慢慢消受。

人怕蛇，其实蛇更怕人，蛇攻击人或大动物是为了自卫，它咬你一口有什么用？人太大吞不下！后来我们人多了，那些蛇就不常见了，可是队员宿舍后面悬岩下那个水沟里，一大

堆蛇挤在一起，我看了混身发麻。

蛇会不会爬进房子里来？分队长黄玄是个胖子，夏天睡觉不盖被，有一天晚上睡着了觉得肚皮上冰冰凉凉的，原来有条蛇盘在他光肚皮上，他大叫一声跳下床，还好那蛇没咬他。

杜副官有一天一个人去温泉洗澡，忽然一条大蛇爬进来了，这位武功高强、十几人近不了身的保镖，竟然大喊救命，光光地跑出来了，他是东北人，没见过"长虫"！

有一天吃饭，周雍逊（陪张先生读明史的周念行先生的公子）坐在靠窗的位子上，张先生说："雍逊不要动，等我叫起来时，你立刻站起来跑！"雍逊听话照做之后，大家才看见窗子锁孔钻出一条赤练蛇，已作式要咬。工友把那蛇打死了，当地人说这种极毒的赤练蛇总是一对的，一条不见了另一半一定会来找。果然，第二天就在玄关内来了一样的一条，工友把它也打死了。

我五弟大蛮子（刘季森）那时不到六岁，一个人跑到河对岸去看宪兵打篮球，他坐在一根木头上，下地时一脚踏到一条蛇的头，他穿的是短裤，那蛇就把他的光腿绕住，我老弟踩着蛇头不放，不慌不忙从口袋拿出半边剪刀（他口袋里每天装有不同的法宝，幸好这次掏出来的不是一只活青蛙），左手抓住蛇尾，右手一刀一寸地把蛇割断（只留一片皮，如果割穿了会割到自己的腿），直到蛇不动了，他才松脚。一抬头看见一群宪兵围着看，一个个目瞪口呆，不敢出声。他真是处变不惊，沉着应战！他还常在石头墙缝里抓住蛇尾巴往外拉，蛇有倒鳞,进了洞是拉不出的。没关系,后来球场一带石头墙边的蛇少了,大概是蛇跟蛇传开了:"大蛮子来了,走为上策!"

清泉的河很小,不能游泳,步桥上游有一段河,有些大石块横过左岸把水位抬高了,后面成了一个小水池,高山人妇女就成群在那石头上洗衣服,小孩子就在那儿玩水。有一天,我和大蛮子及李小妹(前开阳县长李毓槙的女儿李蕴章,那时十一岁,在台北上学住我们家,李叔叔在大陆变色时逃到泰国去了,那边没有中文学校)一起在那里"游泳",刚好张先生散步到那儿,一大群人站在岸边,动静太大,惊动了一条大水蛇,出了洞,细蛮子在岸上叫一声"蛇",我一看一条丈多长碗口粗的大蛇飞快从水面上鼓着气直冲过来,不是游过来,因为速度快,是在水面上滑过来,李小妹把我当树踏着身体往上爬,幸好那蛇快咬到她后颈时一歪头从旁边擦过去了。

我上岸时看见张先生把短裤一脱,丢给老杜,张先生根本没穿内裤,下水往那些洗衣服的少女方向走去,怕沾湿衣服,两手提起衣襟,看得更清楚了,那些高山少女低头而笑。有一个新来的队员问我,他是不是有神经病?我摇摇头。张先生正常得很!君子坦荡荡,那怕啥的!他不只一次吃饭时告诉我们,他很少穿内裤,睡觉从来不穿衣服的,他说不穿衣服睡觉健康。

加油加酱

因为这一次张先生的随着性子下水,高山人把这件事传开

了，后来网络上提到不少，但是有一个四五十岁的高山人，看起来忠厚老实，在录像访问上说，他小时候常看见张学良光着身子在河里游泳，其实那里的河水浅流急，根本不能游泳，光身子会着凉，真是睁着眼睛说瞎话！

上世纪 50 年代台湾有两个很红的歌星戴玉妹和赵良妹（赵旺华之女），戴玉妹在一段访问里面说，张学良常常偷看她们洗澡。我们住在那里时四妹（刘贯蟾）和他们是朋友，那一圈高山人小女孩里还有戴玉妹的堂姐（后来嫁给司机龚永玉）、田美玉（后来双十节健美操主角）、宋金贵（后来台湾省运三铁冠军）。戴玉妹、赵良妹那时十岁左右，很喜欢唱歌，张先生散步时可能听过她清亮愉快的歌声，被戴玉妹说成了她常常唱歌给张先生听，还说她们去温泉洗澡时，张先生会在他洗澡的那边爬在隔墙上看她们（她编这故事时忘了她当年才十岁），张先生年轻时非常风流，但不下流，这可真是无中生有！张先生洗澡的温泉在围墙内，戴玉妹根本进不去。我说这些是想提醒一点：因为张先生禁居期间的生活外面知道的很少，反而给了大家一个"自由发挥""的讲台，看网络的人要心里有一把尺。我这里有一个"懒人包"，只有老队员们的回忆，都还可信，其他的都不对。

日常生活

1947 年年底，爸爸带姆妈和弟妹们回清泉后，张先生已恢复平常心，大家吃饭时张先生又大声说话了，姆妈也不紧张了。张先生、四小姐早上都不出来，早餐是煎蛋、面包、黄油等，由工友送进去。张先生上午总坐在走廊的书桌前看书写东西，明窗净几，鸟语花香，抬头见青山。吃中饭前才出来。四小姐看见姆妈会说："刘太太，您睡得好吗？"姆妈会说："好！四小姐你睡得好吗？"湖南人不会说"您"字，"心"不是挂在嘴上的。中饭后张先生会回去睡午觉，三点钟以前，杜副官一定在饭厅那里走圈子，他穿棉鞋，走起来没有声音，目的是不准别人进张先生那边去（他只拦到过六弟细蛮子）。每天下午张先生打网球。山里每天会下一场大雨，三点钟准停，我和王世忠就拿了扫把，把球场的水扫干，谁派我这差事？没人！他们是双打，张先生和爸爸，各在一边，另外有两个队员参加，派出所所长赵望华有时也来补一缺。王世忠捡球，为什么他老在爸爸这一边捡球？还有一个问题，你打反手球时是手背向前，或是手掌向前？张先生是手掌向前，他以前的教练一定是英国人。

张先生　　　　　熊队副　　　　　蒋排长

张先生每天晚饭后一定出门散步，张先生总走最前面，后面是四小姐、爸爸和我们小孩，然后是杜副官和随护人员五六个人，最后面是宪兵排的蒋排长。只有随护带小手枪，带在腰后便衣底下，便衣是中山装或军服不挂领章。张先生总是一个人大声说话，走出大门，过桥，到桥头一家客家人的小店买点糖果，那小店右边连接两间竹房，是我们的停车间，那时有一部小吉普和一部大卡车。张先生出来后会沿车路再走约一公里左右，在上坡之前就转身回居所。偶尔会走到离开居所约一公里的吊桥边，他好像没有走过那高悬半空（离河床大约 150 公尺）年久失修的吊桥。张先生在清泉前后两次住了十一年，他最大的活动范围只有三四公里，因为那是他步行能走得到的地方。

山中清静，张先生每天写日记，爸爸每天写日记，姆妈常常写日记，爸爸的日记我没有偷看，姆妈的日记我看过。有一天，她写下一首诗，有两句是"及时疏巨目，猴山堆层云"，我把它改成了"及时应疏目，猴山常堆云"，还写在眉批上，真是最笨的贼！我后来也写日记，抱怨老是捡二哥的旧衣服穿，二哥在他的日记里说："老三已经不甘心坐第二排了。"

我们搬家

张先生、四小姐和姆妈偶然还会打麻将，吴妈也常上桌，吴妈常常输得大叫，那是她唯一能在张先生面前撒娇的机会。日子过得也快，一下到了 1948 年的夏天，我已一个人在台北建国中学上了一年课，妹妹在清泉那个校长老师一共两个人的小学不能再混了，五弟也该上学了。于是姆妈带了他们搬到台北中山北路的家里来了。我们家在清泉住了一年半，以后只是寒暑假回去陪爸爸。后来彭孟缉的母亲要住我们住的房子，警备司令部用一栋在中华路的日式房子换给我们，地点靠近小南门，离那时最热闹的西门町很近，前后院子也不小。

姆妈又开始在后院养鸡，每年冬天还在鸡舍旁用糠和柏树枝做湖南腊肉，其中两块是送张先生的年礼。这房子还是队员们来台北出差的招待所，吃饭时姆妈是大鱼大肉还杀鸡做给大家吃，睡觉更简单，除了姆妈住的那一间外，榻榻米的住房每间挂一个大蚊帐，一个榻榻米躺一个，最多的一次我们家睡了二十七个人，我跟王世忠只能在别人的脚底横着睡。

姆妈的鸡是养来生蛋的，我们小孩也过生日，那天每人一

碗面，碗里有一个荷包蛋。我们平时吃饭都是两个菜，素的是大叶子的牛皮菜之类，荤的是豆腐干炒肉丝，有时还要加芹菜，有时会换成红烧鱼。姆妈的菜很咸，两盘菜够五个人每人下三碗饭。偶尔会加一个蒸蛋，一大碗一下子就见底，最小的六弟有特权可以拌碗，加半碗饭在蛋碗里吃，五弟有幸可以接过来添碗。老母鸡不下蛋了，我们就可打牙祭，总是清炖鸡，吃时有潜规则，女孩子（爸爸叫四妹女孩子）吃一只鸡腿，六弟吃另一只，我和五弟各吃一只大翅膀，姆妈吃鸡头和半节脖子，这是文吃。剩下少的白肉就由我们小的武吃，最后还有鸡汤泡饭！

姆妈一辈子就想我们小孩能吃得好一些，对爸爸也尽心尽意。自己从来没有过一天好日子，心情也没有开朗过。爸爸有他的事业，我们后来也各有专业和美好的家庭，姆妈呢？抗战时在大陆她吃茶泡饭，说湖南人爱吃茶泡饭。到台湾后也好不了太多，只吃肉边菜，咬鸡骨头，说有钙质。唯一可算娱乐的就是打麻将，也是为了陪张先生、四小姐。

照片中是姆妈在做菜，用三个煤球炉给出差来台北的队员们炖鸡。姆妈为什么不能自私一点，自己偶尔也享受一下。我们心里会好过一点！

蒋介石丢了大陆

抗战胜利后不久，国共开始打内战，国军一路败北，1949

年 10 月 1 日，在人民解放军向全国进军途中，中华人民共和国在北京宣告成立。到 1950 年 6 月，残存在华东、中南、西南、西北战场上的国民党军被全部歼灭，仅有少量逃往台湾。1951 年西藏和平解放。至此，人民解放军完成了解放全国大陆和近海岛屿的任务。

这个题目太大，我只提一件事。

1946 年 4 月初，苏联退出东北后，共军与国军在东北各抢地盘，共军抢乡下和小城，国军抢大城，虽然那时打起来国军大占优势，但是蒋介石知道仗没有打完，就不是胜利，想出了一个最好的绝招：派张学良去接收东北！

莫德惠奉蒋介石的命令于 4 月 22 日去桐梓看张学良，带了一根美国鱼杆，在小西湖和张先生盘桓了 5 天，照相、游湖、密谈。爸爸多半在场。好像是蒋介石要派张学良去接收东北，张是特派员，主管政治，另派白崇禧为副，主管军事，蒋经国仍是外交部特派员。张先生聪明人，一听就知是蒋利用他的声望招降那些东北旧部如吕正操等人，还有老弟张学思，并且收拢东北父老及忠义的游击组织。军队由白崇禧指挥，加上蒋经国在旁，他只是一个非常有用的傀儡。张学良如果愿意当傀儡，他老早是"满州国"的皇帝了。十几年的软禁，并没有消磨他的傲骨，张先生不选自由和可以预期的好日子，选择了鱼杆，继续钓鲤鱼。蒋介石因而失去了东北，继而失去了大陆。（编者注：这仅是作者个人的看法，与其他人的回忆有出入。）

躲到高雄

1949 年 2 月 1 日，蒋总统引退，这之前他先已任命陈诚为台湾省主席，李宗仁接任代总统之后就明令释放张学良和杨虎城。全国报纸也以头条新闻报道，张先生和爸爸都看到报上的消息，张先生并没有太兴奋，他知道解铃还需系铃人。

爸爸马上飞南京向毛人凤请示，到上海才下飞机，就被堵住了，一位爸爸的老同事告诉爸爸，毛人凤要他原机回台，毛局长说爸爸到了南京，他如果说放人，那不是蒋介石的意思，如果说不放，没法向李代总统交待，他要爸爸回去跟陈诚省长商议。

陈诚将军不久前到台湾养病，住在台北延平南路的一栋两层楼的小洋房里，离我们家在中华路的住家很近，爸爸曾去看过他。陈诚来台湾养病也是蒋介石的一着棋。爸爸从上海回来后去见陈诚①，他告诉爸爸把张学良秘密迁到高雄要塞。在陈诚将军的安排下，爸爸带了一部分队员，当天秘密保护着张先生、四小姐乘飞机去了高雄，住进高雄要塞。

李代总统派的特使程思远（40 年代最红电影名星林岱的父亲）到台湾省政府见陈省长。陈诚说他不知道张学良在那里。

---

① 陈诚的三公子陈履碚（2015 年 6 月 13 日举行他的葬礼，少年英逝，对81 岁老翁来说，75 岁是年少）跟我说：他老太爷过世后，他们清理遗物，看见蒋介石引退后的一封亲笔信，指示对处理释放张学良的事"装糊涂"。

爸爸他们占了寿山顶上的司令部，要塞司令彭梦缉搬到半山去了。

要塞司令部不适住家，楼下有三间办公室，爸爸住两间，杜副官住一间，楼上有三间办公室，张先生、四小姐和吴妈他们住，吃饭只有爸爸和张先生、四小姐三人，就在外面走廊上靠墙搬一张长方桌，暑假我也去住过，印象最深的是，每天清晨有很多白帆的竹子舢板出海捕鱼，碧蓝的海面上都是白点。我每天下午都走下山到西子湾去游泳，路上常有猴子吼我。张先生常在附近树林里散步，只有杜副官一个人跟着，我常在附近用弹弓打麻雀，有一次居然打到一只，拿去给张先生看，他回头对老杜说："他真打到一只！"一点没有称赞的意思，我听了很伤心。

海峡两岸

1948 年 9 月到 1949 年 1 月，发生了辽沈、淮海、平津三大战役，共军占领了东北、华北和长江以北广大地区。1949 年 4 月渡江战役、占领南京。1949 年 10 月 1 日，中华人民共和国在北京宣告成立。到 1950 年 6 月，占领了华东、中南、西南、西北。1951 年西藏和平解放。蒋介石退到台湾，仅有 50 万国军撤退到台湾，和大陆暂时分开（70 年不过一瞬间）。中国大陆和台湾同属一个中国，海峡东岸、西岸的中国，虽然政治制度不同，各有军队，但都是中华儿女，都是中国人。

陈诚保住台湾

蒋介石 1949 年引退前，已布置好陈诚当台湾省主席，兼警备总司令部总司令，政军大权一把抓。

国军撤退到台湾时，船到基隆或高雄后，陈诚只准部队留下武器，空手上岸，上岸后马上改编，那些部队的高级长官都被调走，后来还是官复原职，到认不得的部队去当师长、团长等。什么湘军、川军等等都没有了，台湾只有陈诚指挥的蒋军。何应钦、白崇禧、阎锡山、胡宗南都是战略顾问，配有高级日式单门独院的房子。抗日名将孙连仲到了台湾后淡出了军政界。有一次双十"国庆"，我还看见阎锡山着四星上将军服，乘黑色轿车从我们的童军队伍旁边经过，去出席"国庆"，坐第一排。何应钦很会保养，过午不食，红光满面，后来走不动了，政府还派一个专门护士全天候服待他老人家。

汤恩伯不同，1949 年 10 月，汤恩伯督导李良荣第二十二兵团在胡琏第十二兵团部分抵金门后，把渡海进攻金门的解放军全数打死或俘虏，是为古宁头战役（金门战役）。之后到台湾，先任军事要职，后当"总统府"战略顾问。这一仗之后，共军停止了一口气吃下台湾的打算。

孙立人更不同，到台湾后仍任军事要职，韩战时美国想要蒋介石派兵去南韩，对付抗美援朝的共军，蒋介石想答应，可是麦克阿瑟把事情搞砸了，他直接打电话给孙立人，要他领军，蒋介石不发兵了。后来引起一连串事情，孙立人最后也被

软禁了。（编者注：这一说法仅为作者个人观点）

陈诚的第二步是推行全省的土地改革：

1.三七五减租：20世纪40年代末，台湾的佃农占了台湾农民的四分之三，收获的大部分粮食要向地主缴租，一般租率都在收获总量的50%以上，最高的甚至高达70%。

1949年4月，陈诚推行"三七五减租"，归定耕地地租额不得超过主要作物全年收获总量的37.5%。他的土改政令是以武力为后盾的。他在台中视察时讲了一句很著名的话："我相信困难是有的，调皮捣蛋不要脸皮的人也许有，但是我相信，不要命的人不会有。"

2.公地放领：把接收日产来的公地（约占全省耕地的21.58%），以全年主要农作物收入的2.5倍廉价配给原来的佃农。1951年6月4日开始，公地放领共分9批，主要集中在1951年，但之后零零碎碎的放领一直持续到1976年。放领面积标准：以耕地种类的区别、等级的高低、农户耕作能力的大小，以及维持一家生活需要等条件为依据，分为上等五分、中等一甲、下等二甲。

3.耕者有其田：1953年4月，台湾行政当局颁布《实施耕者有其田法条例》，规定：凡私有出租耕地，地主可保留相当于中等水田3甲（每甲约等于1公顷）或旱田6甲，超过土地一律由当局征收，由现在在此田上耕作的农民受领。征收价格是主要农产品一年收入的2.5倍，土地债券占7成，公营事业股票占3成，搭配补偿。

台湾在 20 世纪 50 年代以前，佃农占人口的比率极高，耕者有其田落实之后，他们都成了有三甲六甲的自耕农，80 年代以后，工商业发展，地价大涨，很多农民卖掉部分耕地，发了大财，台湾成了均富的社会。

1965 年，陈诚去世，他的大公子陈履安回忆说："送葬那天，好多从中南部来的老农民跪在地上哭，哭了不走。"直到今天，台湾农民仍然很亲切地称其为"陈诚伯"。

蒋经国在台湾

白色恐怖

蒋介石到台湾后，痛定思痛，军事方面之所以失败，一是共产党情报及间谍潜伏工作厉害，二是国民党高级指挥官带着部队投降。蒋经国采取措施，一方面，把保密局和"国防部"的调查局合并为安全局，由他控制，另一方面，创办政工干校，配置政工人员给各层部队。

台湾的军民都处于"白色恐怖"下：1949 年 5 月 19 日，台湾当局发布戒严令。该戒严令维持到 1987 年 7 月 15 日为止，总共长达 38 年。在戒严期间，《惩治叛乱条例》以及《动员戡乱时期检肃匪谍条例》控制一切。

我在师大附中高中的同班同学就有三位被抓走，一个男生，两位女生，后来两位女生放回来了，那位男生张晓春有去无回。白色恐怖时期被捕的有三个下场：1.枪毙；2.关警备总部监狱，例如李傲、雷震等；3.送火烧岛：那是台湾东海一座岩山小岛，离岸不远，但游泳逃回来不可能，后来政府在岛上种了一些树，改名绿岛。洪子瑜（国民党 2016 年"总统"候选人洪秀柱的父亲）就在火烧岛被关了三年。我的两位女同学好像没有关太久，有人说是同班同学密告的，我这个特务之子那时糊里糊涂，又不敢多看女生，两位女同学缺了课，我都不知道，决未告密。

克难眷村

1949 年，国民政府退守台湾，宝岛短时间内增加了近两百万人口，其中包括大量军眷，他们在蒋经国的安排下住进"克难"盖建的"军眷住宅"——"眷村"。这些来自五湖四海、大江南北的家庭，融合在一起，包括河北、河南、东北、山东、广东、福建、江浙、湖南、湖北、陕西、江西、四川、东北、海南等各地的军人及眷属，霎时间聚合，在台湾各地（我家在台北住的地方就有一个，请看后文）形成一个个"小中国"，他们带来了各省的风土人情和文化，这些文化不仅在眷村里相互融合，更传递到眷村之外，像东北水饺、四川麻辣火锅、上海小笼包、山东大包、北京烤鸭等，毫无困难地在台湾渗透融合，成为不分族群热爱的食物。除了饮食文化，还有人情称谓、生活方式等。65 年前成形的眷村，不仅保留了中华文化，而且这些文化深植于台湾大地，远播海外，直到今天。

现在美国流行眷村菜，是湖南菜？上海菜？北方菜？都不是，是各种口味混合的家常菜，有面食，没有大鱼大肉。

眷村环境好（不是物质的），人才辈出，政坛、演艺界、媒体和文化界，眷村子弟占非常高的比例。政坛的宋楚瑜、胡志强、苏起、马永成、朱立伦、段宜康、林全等。演艺界的邓丽君、蔡琴、姚苏蓉、林青霞、王祖贤、侯德健、杨德昌等，媒体和文化界的南方朔、朱天文、朱天心、朱天衣、张大春等，都是来自被称为"竹篱笆"的眷村。

辅导荣民

1. 横贯公路

1949 年大陆撤退来台的 5 万官兵，在 10 年后开始将陆续退伍，需要安置，蒋经国毅然挑起这副担子，长期策划，一步一步付诸实施。

第一步是开辟横贯公路，台湾的中央山脉把台湾分成东西两半，交通极为不便，中央山脉山高水急，可以修建水力发电厂，矿产也丰富，在中部修一条横贯公路，可以开发电力及矿产，并且可以连贯东西，便利居民交流，有利国防运兵，沿途的山坡地还可种植寒带水果。

横贯公路于 1956 年 7 月 7 日开工，1960 年 5 月 9 日通车，主线全长 191 公里，加上两条支线，共长约 250 公里，历时 3

年 9 个月 18 天，动员了 1 万多位退伍的荣民，用十字镐与炸药挖出来的，由于台风、地震等天候影响，炸药控制不当而受伤的工人也有不少，工程意外及天灾而殉难的共有 212 人，受伤者 702 人。

横贯公路西段与"大甲溪水力发电计划"一并规划，开路同时，大甲溪上游的德基水库也在规划兴建，这段公路充当了工程施工道路。

完成之后，"国军退役官兵就业辅导委员会"，安置退伍后荣民上山兴建农场果园，沿路建了梨山、福寿山、雾社、上梅园、莲花池、西宝与武陵等小型集体农场，下工后大家聚在一起"摆龙门阵"。他们种的梨个大汁多，肉又细又甜，营销"国内外"。张先生搬到北投后经常在农林公司买荣民种的寒带水果，我们也沾光吃了不少。

当时政府没钱，主要开凿经费来自美援。

施工期间蒋经国亲自去工地几十次，穿夹克，与荣民一起吃大锅饭。

当时评估工程效益时，外界批评筑路的目的只是为了辅导荣民就业，当时可能如是，后来时变境迁，又增建了北横公路及南横公路，横贯公路铺成柏油路面，改称中横公路，可见需要三条横贯公路。

2. 荣民工程处

蒋经国为了安排身强力壮（45—50 岁左右）的退役军人，

成立了一个荣民工程处，招募一些木土工程师为骨干，组成一个私人营造公司，承包土木建筑工程。

起初政府出钱买施工机器，包政府的工程，营业顺利，不久就能自给自足了。后来因为当兵的勤劳服从的本性，荣工处在台湾的营造界成了第一流的公司，可以用自己的力量参加公私工程招标拿到工程。

后来荣工处向海外发展，在马来西亚、印度尼西亚等国家施工赚钱，事业蒸蒸日上。好在新退役军人源源不断，公司扩展，荣民有出路，相得益彰。但是在印度尼西亚等国家，要拿到工程不像在台湾，只凭真本事不行。我的台大农工系的同班同学刘金荣，参加了荣工处，他在印度尼西亚的工作是，先贿络（5—15%）招标官员拿到标（投标实需估价加上 5—15%）得标后还需经常带着一个公文包，包里放很多金戒指，用在刀口上打发需要打发的人。

我在委内瑞拉当水坝工程顾问时，有一次荣工处去首都加拉加斯要投标盖泛美运动会的选手宿舍，那时台湾住委办事处代表林基正，找我去与荣工处的人开会提供意见。我第一个建议是：要甲方授权荣工处自己进口水泥，理由是：如果在委内瑞拉采购水泥，对方多半不会按时交货，运动会是不能延期的。我讲了一个真实故事给他们听：我的一个美国朋友，他是美国最有名的国际建筑公司碚泰（Bechtel）在委内瑞拉的代表，他们有一个工程，是自己由美国进口水泥，他们由海运把水泥运到港口后，先存放在港口仓库，第二天发现水泥不翼而飞，一定是委内瑞拉看仓库的人偷的，老美朋友（他有内线）还知道那些水泥只是被搬到了另一个仓库，他当夜派人把那些水泥"偷"回来，直接装车送去工地。

建设台湾

十大建设

蒋经国当"行政院长"时，推出十大建设：核能发电厂、中正"国际"机场、铁路电气化、台中港、南北高速公路、大炼钢厂、大造船厂、石油化学工业、苏澳港、北回铁路。建设自1974年起，至1979年年底次第完成，投资总额新台币2,094亿元，是"财政部长"李国鼎向沙特阿拉伯借来的。

当时台湾的政治经济环境是：1.基本建设落后。2.工业及出口商品仍以劳力密集的轻工业为主，而且轻工业加工所需的中间产品多依赖"国外"供应，极易受制于人。3."外交"上的重大挫折：被赶出联合国，断绝美援。4.1973年全球性的石油危机。一句话：台湾已经是重病的人，急需打强心针。只好借钱大搞建设，打下工商业发展的基础。后来果然起死回生。

1977年10月13日，蒋经国在"行政院"会上指示十大建设完工后政府将继续推动后续的十二项建设。完成后"中华民国"外汇存底达到406亿美元，而"国民"所得也增加至1,000美元。

经济起飞

从 1972 年开始，蒋经国开始一连串的经济发展计划。1973 年，担任"经济部长"的孙运璇，成立以政府资金为主的半官方机构工业技术研究院，以财团法人的方式突破政府法规限制，以高薪聘请"归国"学人，从事产业研发。

1974 年，决定半导体产业为台湾 20 世纪 70 年代中期之后的经济发展重点，建立了新竹科学园，并于 80 年代初顺利完工。在竹科落成后，台湾成为当时全世界可以生产集成电路的少数地区之一。

李国鼎那时推动加工出口区、新竹科学园区等项建设，倡导信息、半导体等高科技产业发展，是台湾经济起飞的主要规划者、决策者和实施者之一，被誉为台湾"经济发展的建筑师"和"科技之父"。

改革政治

蒋经国在台湾的功绩，举其大者主要有以下几点：
1.对内解除"戒严令"（1987 年 7 月），开放党禁和报禁；2.放宽两岸政策，开放大陆探亲，允许大陆老兵返乡，打破两岸近 40 年的隔阂，促进了两岸关系的缓和与改善；3.推行人事革新，打破省籍界限，向本省人开放政权，大量启用本省籍官员如林洋港、谢东闵、邱创焕、徐庆钟、李登辉等；4.重用经济技术专业人才，全力推动岛内经济建设，例如"十大建设""十二大建设"等，使台湾"赢得亚洲四小龙之首"的美誉；5.倡导廉洁奉公，制定《贪污治罪条例》，坚决反对贪污。1978年至1988年，蒋经国主政期间，是台湾经济快速发展的"黄金时期"。

蒋经国当"总统"后，到下乡走得更勤了，平均每年超过200次，还是穿旧夹克，带鸭舌帽，帽上没有四颗将星了，拉低身份。在小镇小店吃小菜（不吃五花三层的红烧肉了），有些小店去的次数多，跟老板成了朋友，大家称他"经国伯"。

1988年1月13号，蒋经国过世后，"副总统"李登辉接任"总统"。1990年2月当选就任第八任"总统"，任期六年。1996年，当

张学良

选第九任"总统"，任期四年。

李登辉之所以能当12年"总统"，是宋楚瑜临门一脚把他踢进去的。1987年年底蒋经国要安排接班人时，蒋夫人写条子给他，要"老干新枝"。但是"经儿"要土生土长的老实人。

毕恭毕敬、在经国先生前屁股坐三分之一板凳的李登辉就一屁股坐上了宝座。

再回清泉

1949年12月蒋介石"复职"后，张先生他们又回到清泉去了，不好的是爸爸原来住的房间被烧掉了，他只能住在中间原来事务人员住的两间小房子里，姆妈我们寒暑假去时也住在那里，张先生他们仍住原来的四间房，第五间客房仍由周念行先生住，他没有跟去高雄，大家回来，他也回来了，继续帮张先生研究明史。

大哥二哥来台湾

1949年大哥刘伯涵、二哥刘仲璞还在重庆上高中，大哥念党办的中正中学，英俊外向，演话剧是男主角，高中三年级时是学生自治会会长。二哥念清华中学，功课好，思想"左"倾，会扭秧歌。大陆变色前爸爸安排他们来台湾，起先二哥不肯，他打算在教室里睡课桌，卖冰淇淋为生。还是大哥把他说动一起走，用姆妈留给他们的两口大樟木箱子换了两件白衬衫，各穿一件，去找爸爸的同事沈醉，沈伯伯把他们送上去广州的飞机，并且交待保密局广州站长把他们送上去香港的飞机，然后由香港站长把他送上去台湾的飞机。他们到台北后回家见了姆妈和弟妹们，然后来高雄见爸爸，我那时也在高雄，他们来时我正在院子里打太极拳，他们站在台阶上看我，我打完拳才去见他们，好多年没有见面，我们就好像前天才见过面一样。后来他们要考大学，没有毕业证书，大哥在外公那里学会刻图章，买了一块豆腐干刻了一个中正高中的校章，做了两份毕业证书，字是大哥写的工整大楷，他在外公那里磨炼出来的。后来大哥考取了海军官校，二哥考取了国立台湾大学哲学系，一年后转考台南工学院机械系。

奖　金

1950 年蒋介石撤退到台湾后，在台北召见了爸爸，对张学良的事问得很详细，临走前蒋介石写了一张字条说："发刘乙光同志新台币一万元。"爸爸到了外面，侍从室的人很热情地问，要黄金还是要现钞？爸爸说要黄金，接待的人马上拿了三条十两的金条给爸爸，发财了！我们从来没有过这么多钱！

姆妈最难过的事是历年来不能喂孩子们吃得好，这下好了，每餐改成两荤一素，还有水果，多的钱怎么办？姆妈、爸爸商量好去买地。有一天，我陪爸爸、姆妈到新店碧潭吊桥对面的一家农家去买地，那农家的主人搬了一条长板凳放在田边，请我们吃茶，结果地没有买成，那桥头的地后来盖满了高楼大厦。

全家福

　　长话短说，三十两黄金用了一些，剩的拿到西门町的台湾百货公司去放高利贷。老板刘启光是我们 1946 年到台湾时的新竹县长，和爸爸是朋友，钱放在他那里放心。后来百货公司倒了，我们一文都没拿回来，我们家是穷命，寅吃卯粮的命。

　　爸爸一向除薪水之外，还有主管加给特支费，都由他用。不需发票报销。他把钱都交给姆妈。除了给出差来台北的队员加菜之外，全部都作家用。但是常常有不够的时候，爸爸偶尔还需向保密局借支薪水。局本部对爸爸很特别，借的钱都不要还。因此爸爸很少借钱，记得有一次姆妈、爸爸吵架，因为爸爸不肯再借钱。姆妈告诉爸爸，这个家她不管了。我哭了，要求姆妈要管家。姆妈说好，爸爸说好！好！好！他再向公家借两个月的薪水。

有歌为证：

　　　　钱不重要，够用就好，能借也可，不还最好！

（爸爸在大陆借钱借车借油，在台湾借薪水都可以不还）一家人能正常成长，和谐相处最要紧。

左边的照片是我们全家到清泉过年时，张先生替我们照的，姆妈是全家的中心，她笑得多开心，爸爸也穿上了很少穿的陆军少将军服，大哥是海军官校高班的学生（穿海军制服），二哥（左二）念台南工学院机械系，我（后排最右）在台大农工系念水利工程，四妹贯蟾身上的棉袍是四小姐给的，前面的是五弟及六弟。

张先生平常穿的衣服都是四小姐做的，她琢磨张先生的喜好，别出心裁，用一架脚踏的缝衣机一针针缝出来的，下面这张照片中张先生穿的是代表装之一，舒服实用①，还上过好几次杂志封面。天下人物有谁能像张先生那样不受衣冠束

---

① 　张先生的两个大口袋，一个是放零钱的，一个是放糖果的，他每天散步到桥对面的小杂货店时，一定会进去看看，拿零钱买糖果，奇怪的是他从来没有给我糖，四小姐不吃那种高山小孩才吃的糖，张先生不吃糖，我猜他回去后把糖都丢了。

缚？四小姐也喜欢替自己做衣服，有一件穿了一个冬天就给四妹贯蟾了（全家福中四妹穿的那一件，她捡了不少四小姐的衣服）。

杜副官

1950 年 4 月 9 日，杜副官割腕自杀，是吴妈发现的，早晨 3 点叫醒张先生，他找爸爸请来医生把他救活了。杜发原来是大帅的保镖，西安事变前几年已跟着少帅，后来一直是张先生最忠心的贴身保镖和沉默的听者（独听），我四岁时就看到他，他是看着妹妹及两个弟弟从婴儿长大的。十几年来，他常跟我们讲故事，济公传讲了四五遍，打鱼杀家二三遍，他说济公："满身油泥，疙里疙瘩，有人生病就从身上搓一团油泥给他吃，马上就好！"三国演义他讲过无数遍，还要考我们，问我们关公的青龙偃月刀有多重，我说八十三斤，这是他无数问题里最容易的一个。在桐梓过年时，他还会糊走马灯，洋油灯笼里有刘关张骑马持兵器，一直转圈子。

4月16日，周先生（明史专家）从台北回来，说毛人凤局长已知杜副官的事，请张先生作个处置。张先生跟爸爸和周先生商量，决定让杜副官离开。后来爸爸打听到淡水的观音山的庙，可以长期吃（素）住，收钱合理。大家同意送他去那里，张先生要拿些钱给老杜。爸爸说多给一些，这是爸爸唯一一次向张先生开口要钱。张先生说："好！好！好！"

杜副官住在庙里，不是和尚当和尚，日子不好打发，偶尔会来台北我们中华路家里，姆妈总会煮一大碗面给他吃。四妹贯蟾也有两次在家见到他。自从老杜离开清泉后，她只见过他两次。我一次都没有再看到他。我们家是杜副官唯一去的地方？听他说有时会渡过淡水河，到淡水镇的一个教堂去听传教。后来他在那个教堂里上吊自杀了。

四小姐生病

1955年4月，四小姐忽然肚子痛，爸爸带着蒋友芳亲自送她去台北，用化名去小南门的三军总医院中心诊所看病，需要住院。但是院方没有病房，幸好爸爸亲自去了。他找院长表

明身份，说明利害。结果马上住进特等将官病房，还是用化名。保密局还派了一位女少校来全天候陪四小姐。我那时已是师大附中高三的学生了，我去看她。临走时她还跟那位陪她的人说："给他一块糖吃。"

这期间张先生第一次独居，每天给四小姐写信。那一段时期，蒋友芳、于伯材等队员穿棱来往于清泉和台北之间，替他传信和办事。端午节时爸爸怕他一个人吃饭太孤独，叫熊队副等去陪他用餐。他在给四小姐的信上说：中饭吃的菜有烩海参、白斩鸡、炒牛肉片、炒肉片、红烧鱼、炒白菜和鸡汤。下午熊队副他们又陪他吃卤鸭、红烧狮子头、炒白菜、烩菜、鸡汤。还要四小姐跟细蛮子（刘重伯）、小胖子（刘叔慈）说，叫他们快点上山。他要借我们的肚子去消耗月饼这种不能久留的食物。

下面是二哥刘仲璞的回忆：

张学良与蒋夫人关系确实相当密切，不记得哪一年，蒋夫人送了很多东西给张，张先生叫我代写英文回信（可能在 1955 年四小姐生病去台北住院时，四小姐英文很好，她曾教过我英文，否则不会叫我代写英文信回复蒋夫人）。记得写的是 overwhelmed（受宠若惊）等口水话，尚得张认可。礼物甚多，里面居然有几瓶避孕药，令人不解，蒋夫人深谋远虑，这件事大有文章，蒋夫人关心细密，不同寻常。

（作者按：四妹刘贯蟾说，蒋夫人给张学良的信，都是亲笔英文草写，不容易认得，张先生每一收到信，就赶快去找"咪咪"——四小姐念给他听，然后由四小姐用英文代写回信。）

山中春色

我们到清泉的第一天，进居所时有两个漂亮的女子站玄关前向大家深深鞠躬。原来是新竹县长特选的两名"下女"来侍候张先生他们的，都是"客家"人，"萧桑"长得像巴西的森巴女郎，高黑健美。"宋桑"长得端庄白净，人见人爱。她们的工作是打扫清洁，添饭倒茶，铺床叠被。乡下来的队员们哪见过这等美女，有机会没机会都上来看她们一大眼。后来爸爸怕出事，把她们都送走了，换了男工。

山中清静，队员们年轻没事，老实不了。在张先生给四小姐的情书后面，提到刘生俊、禹子明、里根彦、丁昌潮等队员的名字。言语暧昧，只有四小姐懂，我懂。这里替大家诠释一下，还加上一些张先生没有提的。

特务也是人，幽居深山十一年，有很多故事。

刘生俊是警卫组的队员，河南人。1946 年随队到清泉时不到三十岁。他长得又黑又壮，肩膀上的三角肌很发达，单杠可以打三个大车轮。问题是他的河南话难懂。河对面有个大姑娘，是客家杂货店的女老板，长得白净，问题是只会讲客家话。也不知怎么开始的，我们常听见河那边有女声唱歌，又听见这边唱河南梆子，一唱一答，大家没一个人听得出他们

在"叫"什么？只知道刘生俊后来报告爸爸，请准许他结婚。晚上去河那边睡觉，保证不会耽误半夜回来站岗。爸爸不是戴笠，准了。1957年大家要离开时，刘生俊请求退伍去当老板，爸爸准了。现在清泉已是观光景点，三四层的楼房林立。刘老板有几栋？有多少子女？是不是都爱唱歌？原来爱情并不需要言语！

禹子明大约1955年调来的，他长得又高又胖，红光满面，相貌堂堂，像唐太宗。有一天，他在河对面的小店买东西，来了一个高山族脸上刺青的老太婆，比他矮两个头，努力抬头看了他好几眼，上来跟他说了一大堆话。杂货店老板翻译说，她要把女儿嫁给他，他吓得跑了。几个月后禹子明结婚了，新娘就是那个老太婆的女儿。

我们上面提到有个"啊巴桑"四五十岁，是日本人在时就在做杂事的。我看书时窗前有一棵枇杷树和一棵梅子树。我们三兄弟都盯住枇杷看，有一点黄就不见了。梅子太酸，"啊巴桑"每年总是收起来，用很多糖和盐做一大缸蜜饯。她和一个十六七岁的女儿住在附近的小学旁，女儿长得娇小秀气，很多队员都喜欢她，但是她只喜欢一个姓刘的队员，是个小白脸，俩人是一对儿。可是有个唐副官不死心，"二二八"午夜惊魂时他故意去"啊巴桑"的家里查看。希望能捉住刘副官在那里，好出他的丑，他进房看见被子里有两个人，揭开一看见，是"啊巴桑"和一个黑大汉在一起。那是温××，是专门管张先生他们的瓦斯灯的，十八九岁，长得又高又黑，帅哥一个。

队员们大多未婚，山中寂寞，难免去竹东旅馆找兼职下女，或者出差台北去万华风化区解决问题。反正吃住都在我们家，熊队副每次都派不同的队员出差。丁昌潮不同，福建人，大嗓门，他常大声说："嫖我是不来的。"1955年他结婚了。张先生在他给病中四小姐的情书里说："丁昌潮大婚典礼还没开张，大概早已交易，三天两头去竹东。"里根彦篮球打得很好，长得像"七虎"队长王团长①。他也娶了一位高山姑娘，丈母娘隔三差五地来喝酒。

20世纪50年代，蒋经国为了鼓舞民心士气，成立了"七虎"和"大鹏"两个篮球队，代表陆军和空军。经常在"总统府"前的三军球场比赛，场场客满。我是"七虎"迷，每场都看，是爬墙进去的。后来演变成陆军和空军民间球迷对立，军中更是军种对立，蒋经国把两个球队解散了。三军球场改为表演场地。什么哈林篮球队、拳王乔路易、白雪溜冰团等都在那里演出。我是轻车熟路，每次照爬，还收过很多徒弟。后来上海军官校的袁广洋说，只要看见我在前面树上，他就有信心了。最后一次失手了，被抓去警察局，值勤警员对七八个学生一个一个问："你是哪个学校的？"回答是："强恕中学""成功中学""建国中学""师大附中"等等。问到我时，我说"台大"。那位警佐看了我一眼，说："你请回去！"我从此再也不爬墙

---

① 有个队员是在台湾来清泉的，他带着太太，住在河对面宪兵营房旁边。太太是天生的"花痴"，每天要有男人。不久之后她成了"宪兵排长"，真排长之外，宪兵们都排班值勤。还好队员们有分寸，队友之妻不可欺。

了。还好没送我去见局长，那时台北市警察局长是王鲁翘，是爸爸最初选来看张先生的特务之一。另外一位余鉴声也当了台湾刑警总队总队长，他二人去河内刺汪精卫失败后，仍在军统局做"行动工作"（动刀动枪也）。

张先生的兴趣

大哥二哥已回来了，我们都已长大。最小的细蛮子也成了打扑克牌的高手。每年过农历年赌钱更热闹更认真了。好在我们是无本买卖，张先生还是给我们压岁钱。暑假我们也会去清泉，但各有各的事不一定住整个假期。

不记得是哪一年，张先生不打网球了，改打八段锦练身体。网球场就在两头装个篮球架，队员们每天下午打篮球，二哥和我总是参加。

张先生从1950年开始玩照相机，他用德国的Leica相机，那时只有黑白胶卷，清析度很低，照出来的相片很小，放大会很不清楚。后来照相机和底片一再改进，张先生的照相机也跟着买了五十几个。张先生只爱照人，他的模特儿就是四小姐，四妹贯蟾也常入照。我们家人和队员们也偶尔被照一张，他自己很少入照。因为他

张学良

-192-

不喜欢把相机给别人用，在山中的照片绝大多数都是他照的。因为别人没有照相机。此外，他一直在房后种花，有一阵收集昆虫，有一阵拿个网到处捉蝴蝶。

我在台北读书时，偶尔会跟张先生通信，我替张先生订《新闻天地》《春秋杂志》，替四小姐订《Good House Keeping》（好管家婆），替四小姐买美国烟，她抽 Salem 牌的薄荷烟，每次买两条交给来出差的队员带回去。张先生喜欢看徐复观的专栏。

我跟张先生写"报告"时会加一点好玩的事情，有一次，我说："很久以前，赢了张先生四万块钱，下狠心拿一万多买了一支 Parker 钢笔。第一天加墨水，用力太大，把笔尖压弯了。很久以后，大哥送我一只手表，几天后不走了。大哥问有没有上发条，我说天天上，他拿过去上上发条，表'滴答滴答'走了。原来我每次上发条用力都比上一次轻，生怕把发条上断，发条根本没有上足！"张先生回信没有骂我傻瓜，只告诉我他笑得喘不过气，要我负责！他每次写给我信的具名是

"不具"。我那时不知道他是"民族英雄，千古功臣"，没有把他的亲笔墨宝留下来，也好，我对张先生可以自然一些。

西安事变忏悔录

1956 年 11 月 20 日，蒋介石召见爸爸，交代要张先生写一份《西安事变忏悔录》，张先生用毛笔和十行纸写的，大意是他发动西安事变是自己主动的，因为：（1）为了国恨家仇，国恨是日本人占领了东北，家仇是日本人杀了他父亲；（2）因为东北军思乡，营房里每天晚上唱"我的家在东北松花江上"，他们要打回东北去；（3）学生们游行，向他请愿，要求停止"剿共"，联合抗日；（4）他不要打内仗，要打日本人，是他说服杨虎城后，就采取了行动；（5）周恩来是事后他找来商量善后的；（6）他是绝对拥护委员长领导抗日的。

张先生多半是自我辩护，没有说自己不对，没有忏悔的意思。

12 月 5 日，爸爸拿到这份东西后，叫大哥和我抄写下来。还没抄完，爸爸说不行，把抄好的拿去烧了。第二天，爸爸亲自把原稿送到蒋介石那里。

12 月 11 日，蒋介石把爸爸叫去，把原稿退回给张先生重写，修改了两次后，蒋稍满意，但交了一份郭增恺的文章，要张先生反驳。郭文是说西安事变时他是见证人，蒋介石答应了一些交换条件。文章长达二十万字，如果真有其事，五张十行

纸足可以写完。二十万字？张先生只改了两小段，另外附上两封信。说郭某只是杨虎城公路局的一个小官，是杨虎城嬖幸的小人政客。要见证也轮不到他。时过境迁写此长文，是文人无耻，玩弄文字，无中生有。12月底，爸爸把原文及附信送呈蒋介石。蒋满意了，并且按照张的要求，准许把《西安事变忏悔录》改名为《西安事变反省录》。

蒋还要爸爸带话给张，说他对共产党的认识已有进步，将来对革命还可有贡献。张即写信给蒋请求参加石牌将官培训班受训，蒋说可以准许他去受训。但是担心外界有人不谅解张学良，造成事故不好。所以要张先写一份个人经历、抗日情绪、对共产党的认识，公开发表，好让大家了解他，再公开参加培训（四星上将还要培训？他是投石问路）。张先生只好花了四个月时间写了一篇《杂忆随感漫录》于1957年4月完成，由爸爸送呈蒋介石。等到8月12日，蒋介石要爸爸转告张学良写一篇《苏俄在中国》的读后感，把西安事变的经过加进去，以便公开发表。蒋经国已于两个月前把这本书给爸爸，让交张先生阅读，张先生一个星期就交了卷。

高雄西子湾

这次行了，张先生三篇"交代"的文章，换得了"回归文明"。蒋介石让张学良从清泉深山里搬出来了。1957年10月24日，搬到了高雄西子湾，住在石觉将军的别墅。半山上一栋新式洋房，俯瞰西子湾，有电，有抽水马桶，居所左边已赶工盖好队员宿舍。

主屋有五六间房间，张先生、四小姐和吴妈住右边三间大的。爸爸住左边两间，中间有餐厅。爸爸的房间可以直接到院子，院子一侧是一排队员宿舍，住了三十几人。大门在最左边，进门就是一大片水泥地，还好对海的一面是齐胸空心砖墙。没有铁丝网。院子里还保留了一棵高大的阔叶树，算是把军营和住房隔开了吧，张先生还问过我那是什么树。我回答"榄仁"，过了一星期，张先生才跟我说："你说对了，是榄仁。"我那时大学刚毕业，在凤山步兵学校受预备军官的入伍训练。星期天常去爸爸那里，四妹贯蟾刚从淡江艺专毕业，还没有找事，她陪爸爸住了一阵子。

张先生在那里住了一年半，没有去过海滩，因为西子湾人多，还有蒋介石的别墅、美军什么司令的度假屋。有一次，我从那外国人院子门前走过，看见一只腿很短身子很长的丑狗，我告诉张先生，他说："你真是土包子，那叫腊肠狗，可贵哪！你下次见到给我偷回来。"平常张先生只在院子里，站在矮墙前看海，绕着榄仁树散步。还好张先生、四小姐偶尔可以坐车到高雄以外的地方去郊游。有一次，我从西螺大桥买了一瓶当地名产酱油膏（台湾菜多半是白煮的，要用酱油膏蘸着吃），送给张先生。他拿着瓶子看着我说："你买酱油送我？"往后他隔三差五地就要去西螺大桥买酱油膏，来回200多公里（他从不蘸酱油膏）。

在那里张先生的访客不少。高雄要塞洪司令是邻居，台湾南部军团司令算是地主，他们都前来看望张学良。石觉将军、刘玉章将军也都来过。他们都是穿军装挂二颗星三颗星的。有一次，从爸爸的房间穿过去见张先生，见到我（正在预官入武训练中的）穿着士兵军服，风纪扣（领扣）也没扣，我还来不及敬礼，他们就过去了，我这才知道张先生的官大！

1958年5月17日，蒋夫人宋美龄到西子湾来看张先生，爸爸领着她到正门。张先生早已在那里恭候（四小姐躲在后房，那时蒋夫人还不承认她），他请蒋夫人进去。爸爸就自己回来了。后来才知道张先生曾试探问夫人：他如能为人类及国家有贡献，则不计一切。蒋夫人答应一定转达。等了三个月没有消息，他是聪明人，知道蒋介石要的是什么。他于8月4日开始写《坦诉西安事变的痛苦教训敬告世人》，28日完成后请爸爸转呈两蒋。文中除了恭维蒋介石之外，他说自己已经彻底觉醒。他要现身说法，对共产主义口诛笔伐。这就是蒋介石指的路，张先生早已明白，只是想少走一步是一步，最后还是写下了违心之论。

蒋介石满意了，于1958年11月23日在大溪召见了张学良，1959年3月解除了对张学良的管制，撤去警卫人员，但仍留下少数警卫"保护"张先生，并且指示爸爸把张先生他们搬到台北近郊的北投居住，结束了二十多年的"严加管束"。

北投招待所

1959 年 3 月，张先生他们搬到台北近郊的北投，住在幽雅路空军招待所。那是以前日本神风敢死队的招待所，那些自杀飞行员出任务前一夜住宿的地方，在那里喝酒、享受女人。

房子是日式平房，一个大厅周围有很多单间，张先生他们和爸爸都住在里面，还有不少空房。

蒋夫人在西子湾看张学良时，曾问他信不信教，张先生说他在研究佛经。蒋夫人说："你又错了！"

于是派了前驻美"大使"董显光来传教。1960 年 1 月，董"大使"和董夫人住进了幽雅路招待所。董"大使"是虔诚的基督徒，每天教张先生英文，讲解《圣经》。四小姐跟着

上面照片中由左到右是董"大使"、张先生、姆妈、四小姐、董夫人、蒋经国、爸爸，1960 年照的。

听，她的领悟比张先生快多了。董显光非常风趣，吃饭时常讲笑话。有张先生在座不讲笑话反而听别人的，这是第一次。外交官穿衣服学问很大，有一次我们吃午饭，董"大使"穿西装裤，白衬衫，但是故意把衬衫后摆放在外面，表示随便（Casual）。那次他讲的笑话是换狗腿，说一个人腿断了，找到一个名医帮他接了一根骨头，非常成功，走路如常人，只是散步时看见树就要走过去抬腿撒尿，原来是换了一节狗腿，大家大笑，张先生笑得最响。董夫人非常和气，和姆妈成了朋友。1960年年底，他们搬回附近自己的家，离开之后俩人还维持通信了很长一段时间。

我1959年开始在台北的"经济部"水资源规划委员会做事，有时会为张先生、四小姐办点小事，例如有一次张先生要我替他登报，征购一部《论语》，有一位老先生送来水资会一套线装的《论语》，要卖四千新台币，我问张先生，他说"给他两千"，成交了。我那时月薪才一千多新台币。

1950年，蒋介石撤退到台湾时，台北还是很破旧。中华路从小南门到西门町大约有六七百公尺长，一边是铁路，只有几根孤零零的电线杆。我有时拿弹弓沿路打麻雀。蒋经国来了后，沿着铁路和中华路间的空地，用竹子盖了一排"克难"屋，给大陆撤退的退役士官住。"克难"和"克难精神"成了大家奉行的准则，住进去的人个个克难，因陋就简用木头做床，用竹子做桌子、凳子。有人在门前架个油锅炸油条卖（台湾才开始有油条）。有人踏三轮车，有人专剃头。大街小巷常听到山东人叫卖"散子麻花"。几年后蒋经国把那些竹房拆了，改建为八栋两层楼的钢筋水泥的商场，原住的退伍军人每户分得一户店面。不久之后百花齐放，什么店都有。很多是外省老兵讨了一个台湾姑娘，做点小买卖。

张先生搬到北投后爱来我们家，然后带我们走路去那边吃北方小馆。有一次去二楼一家山东老乡开的饭店，小楼里还有个小阁楼，张先生喜欢坐那里，可以看楼下的热闹。他点了二张皮、花卷等。那里的跑堂都是退役的山东老兵，精诚团结，合作无间。在门口公共走廊上招呼客人的叫"贵客两位！"店里的跑堂齐叫"请！"有人出门，门口会叫"小账两块！"其他跑堂的都会叫"谢哪！"忽然我们听到叫"小账一毛"跑堂

从右到左是大蛮子刘季森、刘贯蟾、爸爸、李月琴、刘伯涵、刘重伯、刘叔慈。

后排从右到左是李斐章、刘叔慈、爸爸、董大使、董夫人、四小姐、李彩章、李蕴章，前排左到右是刘贯蟾、李月华、李月琴、李月瑞。李家三姐妹是李宗仁的侄女。

的也叫"谢哪！"声音特别高。接着是"又拿回去了！"下一声"谢哪"声音更高。后走的客人哪个敢不给小账？张先生下楼付账后给了很多小费，倒不是吓到了，他一向出手大方。张先生、四小姐也爱去远一点的地方如金山、清草湖等地郊游，我们是全家奉陪。在清草湖一座庙里吃一桌素席，张先生一给就是2000元新台币，比我的月薪还多。那时李斐章（前开阳县长李毓槙的大公子）在台湾政大念书，和他的同学李月琴、李月华（也是二哥同学的妹妹）和李蕴章周末常来我们家玩。张先生、四小姐来也带大家一起去玩，也去海边，或者下小馆子吃饭。有一次在中华路的家里，四小姐叫我去买一些葱油饼等面食回来吃。结果一扫而空，大家意犹未尽。四小姐笑着说"你真会算流量"。那时我已是水资会的助理工程师，专门算流量。

有一次，我在中华路家里开舞会，那时客厅已换成地板，可以容纳几对人跳舞。我找蒋友芳向圆山大饭店借一串彩色小灯泡来挂一下。圆山大饭店是蒋夫人开的。蒋友芳是我们的官邸联系人，有些事可以向饭店说。晚上我和五六对水资会的同事及舞伴正在起舞，忽然四小姐来了。她一个人走进客厅，大而化之地在一个沙发上一坐。还好有一位同事懂事，有种！他向四小姐一鞠躬请她跳舞。她欣然接受。哇！那才叫跳舞！她脚尖提起，身体后弯，轻盈得像飞一样。大家都停下来看她，那男舞伴本来跳得不怎样，也被引着带好了。她跳完一曲，飘然而去。我送她去大门外，看见蒋友芳和司机龚永玉在吉普车旁等她。原来蒋友芳打了小报告，说我开舞会，四小姐二十几年没跳舞了，这次丢开张先生一个人来看一看，示范一下。相比之下，我们这些年轻小伙子跳舞是老夫子在渡方步。那时宋婉华是我好友王钊谦的舞伴，还没有出师。后来在美国投师学舞，有一年参加全美业余花式跳舞比赛，得了冠军，被封为"舞池皇后"（Queen of Ballroom Dancing）。

做礼拜

1960 年 6 月，在蒋夫人的安排下，董显光陪同张学良到士林凯歌堂做礼拜。那是蒋介石、蒋夫人专用的礼拜堂。只

有张群（"总统府"秘书长）等特约的人才能参加。礼拜结束后，都是蒋介石和夫人先走，蒋夫人一路点头，经过张先生坐的那一排（最后一排），蒋夫人特意和坐在走道边的张学良握手（这是蒋夫人精心安排的）。这一不平常的举动引起了大家的注意，有些人才发现那是"失踪"多年的张学良。张群、何应钦过来跟张先生握手。董显光介绍主讲牧师。这是蒋介石让张学良公开亮相的"明示"。此后王新衡夫妇、彭孟缉、莫德惠等就常来招待所看张先生。这次礼拜之后，张先生就每周去凯歌堂做礼拜。四小姐呢？对不起，还得等四年。蒋夫人还有文章要做。

这次蒋夫人如何安排四小姐？张先生、四小姐、爸爸、姆妈当天到董"大使"家。张先生由董"大使"陪去凯歌堂跟蒋介石夫妇一起做礼拜。四小姐由董夫人、爸爸、姆妈陪着去荣民医院教堂做礼拜。此后每个礼拜由姆妈和四妹贯蟾陪四小姐去做礼拜。好一阵子后改由别人陪同。直到1964年张先生要求他和四小姐"受洗"。蒋夫人说基督教是一夫一妻制，不是夫妻不能一起受洗。这是蒋夫人四年以前就替他规划好的。张先生只好写信给美国的张太太要求离婚。张太太在离婚协议书上签了字。她愿意成全他们。张先生和赵四小姐终于在1964年7月4日结婚。蒋夫人参加了婚礼。在婚礼前，张先生曾带着四小姐去拜会蒋夫人。张先生向坐在沙发上的蒋夫人介绍四小姐，这是她们第一次见面。结婚后张太太（四小姐）才可以跟张先生去凯歌堂做礼拜。

建房自居

1960 年中，蒋经国建议张先生在附近自己盖房子住。张顺水推舟要蒋经国替他找地方。找到了北投山下一块空地，离开发区还远，决定买下来，大地主许丙听说是张学良要买，他把地价定得很低。张先生买了那块 4000 平方公尺的院子。路边盖房子的地还平，侧院有一条小溪流经小山坡，对庭院设计师是一个挑战。我跟张先生说那里可以用石头堆一个小坝，可以养红鲤鱼，坝下面做一个木桥，小桥流水。

张先生开了一张三万美金的支票，由爸爸转交保密局到他在美国的户头取钱，是盖房子用的。一栋两层楼的洋房，住房大约 400 平方公尺。设计和施工是由陆根记建筑公司包办。陆根记是从大陆军统局开始一直专用，蒋介石所有的官邸都是这一家承包。1962 年年初房子盖好了，不久搬入。蒋经国送了一套家具。楼下进门左边是长方形客厅，右边是长方形的起居间和饭厅。饭厅和厨房只隔一道墙，墙上开了一个洞，递菜用的。没有工友侍候，吴妈得做菜，我不知谁在这边接菜。楼上是什么样子我也不知道。只知道房顶是水泥平台，因为张先生问过我，水泥会裂缝怎么办。我说那房顶应该是钢筋水泥的，不会裂缝。如果不放心，可以问陆根记。

一进门的左边，靠墙还有三间房子，是门房等用的，蒋友芳住一间，司机龚永玉住一间。院外对门还有一排房子，由熊仲青队长带着十几个队员住在那里。熊君已接任爸爸的位置，

"保护"张学良，不再是"管束"了。蒋友芳仍是队员之一，但和张先生关系密切，等于是张先生的"管家"。特务队已改名为警卫队，经费仍是由保密局支付（保密局已矮化为"国家安全局"下面一个机构，蒋经国直接控制安全局）。张先生家里的一切开销已由张先生自付，他还买了一部福特牌的小轿车自用。

完成任务

照片是1962年在北投照的，中间是张先生，右边是蒋经国，左边是先父刘乙光。

蒋经国知道爸爸不适合做"侍候"张学良的人。张先生穿的是蒋友芳的西装。（1959年张先生从深山里搬出后，才开始做西装，是蒋经国做西装的一家宁波师父的店做的，上衣口袋内不能绣张学良的名字，所以他的西装都绣"蒋友芳"。）已决定张先生搬家（1962年）之后，让爸爸离开做了二十五年的工作。张先生搬家之前在幽雅路招待所为爸爸辞别，他叫厨房做了一桌好菜，拿出来他私藏的洋酒。请了蒋经国，彭梦缉，连四小姐一起五个人吃饭。席间张先生跟蒋经国说："刘乙光管束了我二十多年，他是我的敌人，因为他管我太严。也是我的恩人，因为他救过我的命。现在他要离开了，我想给他一笔钱。"蒋经国说："我会照顾他。"张先生是真心的要给爸爸一笔钱，蒋经国也只能那样回答说："不。"爸爸一辈子忠于职责，不是为了最后卖一笔钱。姆妈说："这样也好！"

张学良为什么没回大陆

1990 年李登辉当选了"总统"后，他与张学良没有心结，也没有什么理由再关张学良，所以正式恢复了张学良的自由，可以"出国"。张先生和太太于是在 1991 年及 1993 年两度去美国探亲。并且表示愿意去大陆看看能不能再为祖国做点事。

大陆东北乡亲和中国大陆领导人都非常欢迎张学良回去。于是先由故周恩来总理的夫人致函张先生。

汉卿先生如晤：

岁月不居，时节如流。数十年海天遥隔，想望之情，历久弥浓。恩来生前每念及先生，辄慨叹怆然。今先生身体安泰，诸事顺遂，而有兴作万里之游，故人闻之，深以

为慰。

　　先生阔别家乡多年，亲朋故旧均翘首以盼，难尽其言。所幸近年来两岸藩篱渐撤，往来日增。又值冬去春来，天气和暖，正宜作故国之游。今颖超受邓小平先生委托，愿以至诚，邀请先生伉俪在方便之时回访大陆。看看家乡故土，或扫墓、或省亲、或观光、或叙旧、或定居。兹特介绍本党专使×××（注：吕正操）同志趋前拜候，面陈一切事宜。望先生以尊意示之，以便妥为安排。

　　　　　　　　　　　　问候您的夫人赵女士。

　　　　　　　　　　　　　　即颂春祺！

　　　　　　　　　　　　　　　　邓颖超

　　　　　　　　　　一九九一年五月二十日

　　1991 年 6 月 4 日，张学良在纽约会晤吕正操，谈话整整持续了 3 个小时，谈话的范围也相当广泛。吕正操着重向他介绍了中国共产党一国两制、和平统一祖国的大政方针。张学良对中国共产党的上述主张深表赞同，并希望有生之年能为祖国的和平统一尽绵薄之力。张先生向吕正操表示："我过去就是做这件事的，我愿意保存我的这个身份，迟早有一天会用上。我虽然九十多岁了，还有用得着我的地方，我很愿意尽力。作为一个中国人，我愿意为中国出力。"

　　回台湾后，张学良请王冀做他的特使，先行大陆，与有关部门私下沟通。后来李登辉派人找张学良去"总统府"谈话。

李登辉表情十分严肃，手里拿着杨尚昆的邀请函，责问张学良："我对你不薄呀，为什么你还要背着我搞这一套呢？""我这么信任你，你怎么可以背地里搞这种名堂？……"

张先生这时才知道李登辉是搞台湾"独立"的，怎么会放他去大陆搞统一！

张先生这才知道留在台湾没有用了，死心吧！这才决心移民美国夏威夷，终老异乡！

张先生为什么不去大陆呢？代表中国最高层，已故周恩来总理的夫人邓颖超用私人名义写的邀请信说："颖超受邓小平先生委托，愿以至诚，邀请先生伉俪在方便之时回访大陆。看看家乡故土，或扫墓、或省亲、或观光、或叙旧、或定居。"

张学良如果回去，一定会受到最高的荣誉和欢迎，但是张先生知道自己已无力促成台湾回归祖国。

张学良的境界已更上一层楼，他只想帮中国统一；能成，回大陆可以用张学良的光辉，引发年轻人的志气，（老年人时日无多，更要加三倍努力！）不成，就不必回大陆了，他可以去夏威夷海滨，坐在轮椅上品尝寂寞。他太太赵一荻去世后，张先生请了六个职业护士，日夜轮班看护，但是他还是用一个竹子做的小手抓背：只有他自己才能抓到真的痒处！

离职之后

1962 年初，爸爸离开了张先生，被调回安全局局长办公

室，当三个副主任之一。住在家里，每天有吉普车来接去上班。车上已坐了另一位副主任，两年后满役退休。爸爸一辈子只做了看管张先生一件事。他尽心尽力，对得起家人。这就够了。

爸爸离职之后，张先生、四小姐和我们家还有来往。他们新家有西式烤箱，四小姐爱做西点，但是张先生不喜欢吃甜的，四小姐自己吃不完，就常叫我们兄弟去吃。我们吃得很香，大家开心。张先生还是常来我们家，带我们去中华路小吃，记得有一次在楼上吃完，从楼下走回家，经过一家卖上海馄饨的小店，张先生停下来要了一碗，问别人有没有人也要，大家都摇头，只有我小胖子奉陪一碗。那上海馄饨的肉是分铺在整个皮上，再卷起来就成了。

1963年农历春节后，我去张先生家，他正在推小牌九。有他的五弟（张学森）和一些亲戚在玩。我见到牌九也心痒了，站在旁边看。张先生在推庄，张五爷现钱已输光了。掬出一张支票折起来往门前一押，问张先生："你敢收吗？"票面是多少看不见。张先生说："松手！"然后掷骰子，发牌，五爷拿到两张牌一看是一对杂五，他把牌往桌子一拍，"对子"以为赢定了。张先生轻轻地把庄家的牌一翻也是对子，两张板凳！比杂五大。张先生把支票拿过去，打开一看，五万新台币！大家都"哇"的一声，我一算那是我两年半的薪水，悄悄地走了。

来美留学

1963 年 3 月，我办好了赴美国留学的手续，蒋友芳带我去向张先生辞行，他和四小姐在起居室见我，送了我一本新旧约圣经，两千元新台币（约换 50 元美金）。张先生说："圣经你一定要看。"那之前张先生还叫蒋友芳拿了一张空白飞机票 Coupon 送到中华路家里来给我。蒋友芳只告诉我那是张先生送的，没有解释怎么用。我土包子一个，不知道只要拿到旅行社去，可以换一张到美国任何地方的飞机票。我没有用，也不记得放到哪里去了。那时来美国留学要有 2400 美金保证金，我的是爸爸向保密局借来的一张支票。此外我自己有 200 多美金。我用 150 美金买了一张从高雄到美国 Seattle 的货船票。在海上经日本到美国，走了二十四天。经过日本时我买了一部 Brother 牌的打字机（听说比在美国便宜很多）。到了 Seattle 上岸，只剩 67 美金。坐灰狗巴士（Gray Hound Bus）先到 San Francisco 的 YMCA（青年会平价旅馆）住一夜花了 10 美金。还花了 2 块美金开洋荤看了一场脱衣舞。第二天乘灰狗巴士到了 Los Angles。我带四个同船来的留学生，半夜从城中心乘记程车去西郊的 UCLA，要去找高中同学蒋光祺，路很远。心跟着记程表跳，开车的老黑一直问："Are you sure you want to go that far？"（你们真的要去那么远吗？）我也不知有多远，记起另外一个同学袁天惠住在三十街，离城中心不远，就改变主意，半夜去敲袁天惠的门，请他开车送我们去 UCLA，找到

了蒋光祺、杨之俊和吴少达，他们同住一间公寓，收留了我们半夜。第二天，蒋光祺开车送我们到USC附近。由我初中同学李定闽帮我们找了一个能住一星期的公寓。那里是黑人区，才能租短期。其实李定闽已替我和最好的朋友王钊谦找好一间公寓。王已于两星期前从台湾来住进去了。我为了安顿四位船友，就跟他们住，分担房租。我第一件事就是把那借来的2400美金保证金寄给爸爸，好还给保密局。另外几个人还凑钱买了一把理发刀，大家互相把长了二十四天的头发剪短。最后要各奔前程时，有一位同船的说那把理发刀归他，我没讲话，大家没讲话。我搬去王钊谦那里，口袋里还有几块钱，往后两个星期的吃住都由他先付。

我离开张先生了，想用我尊敬熟悉的两位女士的伟大爱情来给我的故事画一个句点。

两个女人的伟大爱情

张太太于凤至

张先生16岁时与比他大3岁的于凤至结婚，张太太（下边照片是张先生和于凤至）称张先生"小爷"。"小爷"十六岁至二十岁时，少年轻狂，"大姐"张太太不管他，由他乱来。"小爷"由二十岁至三十八岁，日正中天，由"小旅长"快步升成"少帅"，那么年轻，又出名的风流和有权势，是大家

张学良和太太于凤至

眼里的英雄，美人心里的梦中情人！美人爱英雄，投怀送抱，张太太管不了他，只是默默地在帅府做贤妻良母，守着一个女儿和三个儿子。

张先生失去自由后，张太太和赵四小姐在溪口轮流陪张先生。在沅陵和修文，张太太陪张先生，那三年是张太太一辈子唯一和张先生单独相处的日子。张先生初失自由，雄鹰折翅，自怨怨人。张太太只默默地陪在身边，轻抚他浓黑的头发，可惜好日子只有三年！

1940 年张太太得了乳癌，她不肯去美国治疗，只要陪着张先生，有一日是一日！但是张先生告诉她去美国医病之外，要发动舆论制造释放张学良的声浪，张太太才去了美国。把张

先生交给另外一位爱他的人赵四小姐照顾，自己去美国，看病，化疗，开刀。后来学英语，炒股票，投资房地产。她买了英格丽·褒曼的别墅，是伊丽莎白·泰勒的故居。内部都装饰得像北京顺承王府一样，一栋自己和儿女们住，一栋留给"小爷"和"小妹"（四小姐）将来自由后居住。

1964 年张先生为了四小姐能受洗入基督教，他写信给太太，请她在离婚协议书上签字，她签了，还说要她死，也会成全他。让 64 岁的张学良跟已同居 36 年的赵四小姐（那时 53 岁）正式结婚（上面照片是张先生四小姐的结婚照）。张太太签字之前，打了一个越洋电话给张先生。张先生说了一句话："我们永远是我们！"（这也许是他们之间的至情约定，别人不知何意。）感动了她！张太太守着这一句话，内心无怨地度过余生。离了婚的张太太自认生是张家人，死是张家鬼，无名无实无怨地再守了 26 年。后来她自己墓碑上的名字还是用张于凤至（在美国洛杉矶）。她还在墓穴旁替张先生留了一个空穴。她走了以后，还默默守护着他的空穴。（1990 年 3 月 20 日病逝，活了 93 岁。）

一年后张学良到洛杉矶时，来到墓前，对着张于凤至的墓碑，沉默很久之后，轻轻说了一声："大姐，你为什么不等我！"

赵四小姐—荻

四小姐也爱他，16 岁就一头栽入，72 年无怨无悔，一直爱到死。有过风光，享受过荣华富贵。但是那只有 8 年。剩下的是陪着张先生过日子，无名无分。二十多年陪伴幽居，见不着自己儿子。（1940 年四小姐来陪张先生之前，先把她和张先生唯一的儿子——张闾琳送到美国友人家寄养。四小姐叫他"宝贝"，几十年只能看看放在起居

室的照片，看不到外面的世界。青春就这样老去。后三十年也是过着半自由的日子，只能陪伴他、安慰他。他头秃了，她也老了。最后他真的自由了，住在夏威夷（1995 年起），两个老人坐轮椅看海，上教堂。爱早已不用说的了，手指动一动，半个眼神，尽在不言中。她走了后（2000 年 6 月 22 日病逝，活了 88 岁），张先生在她的墓穴旁（在美国夏威夷）留了一个空穴给自己，一年多后他在寂寞中死去，用了这个墓穴。让张于凤至留给他的空穴永远空着（张先生 2001 年 10 月 14 日病逝，活了 101 岁）。

附录一

我的父亲刘乙光与张学良

刘伯涵

我父亲刘乙光，1898年生于湖南贫农之家。黄埔军校四期毕业后历任排、连、营长及团指导员，参加北伐后转调军统局工作，曾任蒋公侍从室警卫队长。

1936年12月12日西安事变后奉命（于1937年初）担任张学良先生的安全警卫工作，至1962年离职。二十五年来与张学良先生朝夕相处、共居一堂，甘苦备尝。我父亲于1982年（7月19日）因病去世，享年84岁。

我父亲由三十几岁到五十几岁这段人生事业的黄金时代，无名无利，寂情清苦，虽无罪却也失去自由地陪伴张学良先生度过了半生。寸步难离地苦守了二十几年，这是难能可叹的，父亲一生尽忠职守，淡泊名利，寄情宗教（研究佛经）与读书

（主要是王阳明和曾国藩的书），清苦自守。他是爱国也爱家的人，他在我们子女心目中是个好人，好军人，好父亲，一生清廉，家徒四壁。

有些人如许颖、邱秀虎、沈醉、张治中、张严佛、高茂辰、杨子鲢等人，在写张学良幽居生活的文章里，常提到父亲刘乙光的言行。有些写得很平实。但是张严佛把父亲说成毫无人性、贪鄙的恶人牢头，他歪曲事实，丑化父亲，有些人以讹传讹，抄着张严佛的话骂刘乙光（例如杨子鲢在他写的《二二八中的张学良》中，大半是抄张严佛的话）。

我们子女对父亲的为人很清楚，因常相左右，对许多有关的事情，长年的亲身经历，亲眼所见，亲耳所闻，比有些人偶而道听途说要实在，愿将我们的见闻公诸于世，俾世人能作客观公平的评论。

"他是我的仇人，也是我的恩人。仇人是他看管我，恩人是他救了我的命。我们在一起相处了二十几年，现在他要走了，他家的情况我清楚，我想送他一笔钱以表心意。"

1962 年，刘乙光调回安全局，在饯别宴中，张学良讲上述的话，在座的有蒋经国和彭孟缉，蒋经国当即向张婉谢了（蒋向张学良说："我会照顾他"）。

父亲晚上回家，把情况讲给母亲及子女们听，大家都为张先生的真心感动。

说刘救了张的命，是因为张在贵州乡下得了盲肠炎，刘等不及请示获准即把张送到贵阳中央医院急救开刀，若待命拖延延误则情况不堪设想。

说仇人，是张先生幽默风趣，在餐桌上提高气氛的话。张先生识事明理，知道我父亲是奉命执行任务，有其职责和立场。在相处的时光中，我父亲有时会因限制张先生的行动，加上湖南人的个性，处事不够圆滑，引起争执不悦是难免的。一家人都会难免争吵，唇齿之间，都会有碰伤，何况他们处在那样的环境。

上次张赴美前，记者问到与我父亲的关系，张先生说："刘乙光有他的立场，我还是很怀念他的。"

我们子女听到这些话很感动，张先生说话很公平。

我们弟妹对张先生都很尊敬，因为他以前把我们当一家人看，对我们很好，我们也一直视他为父辈。在那些深山僻壤中，只有我们这家小孩，他对我们好也是很自然的。在感情上，我们是偏袒着张先生的，所以对外面一些风言风语，我们都很关心，因为我们有很深的感情。

我（刘伯涵）8岁就与张学良先生生活在一起，我的弟妹们与张相处的时间更长，张先生、四小姐待我们如亲生子女一般，我们也把他们视若父母般敬爱。张先生尤其喜欢我二弟仲璞，张的书房很整洁，藏书很多，平时别人是不准进去乱动他的书的，可是他看我二弟是个书呆子，特准他进去看书。二弟有时穿着臭袜子、脏裤子就躺在书房地上看书，大半天张先生也不以为忤，书乱了就由杜副官收。后来我二弟学有所成，成为海水淡化专家。我妹妹则与四小姐特别亲，四小姐待她比母亲还好，她一回来就与四小姐到房中唧唧私语。她常接到四小

姐送的东西，恩情终生难忘。

张先生幽默开朗，我们在西子湾的时候，他会在院中挂个大西瓜，叫我回家来吃。我那时已从海军官校43年班毕业，派在巡防舰上服务，蒋老先生来西子湾住时我们就要锚泊外海警戒。我们住在石觉那幢半山上的房子里，我在船上用望远镜就可看到宅院中的西瓜。由这些小事就知张先生实在是个有赤子之心的性情中人。张先生的那篇回忆录最后的修改就是在西子湾写的，是1958年在石觉那个书房中所写，是蒋先生转知我父亲请他写的，他那时候眼睛已不好，故是四小姐抄的。第一次上面看了有点意见，又退回来，改写了一次。

我深受感动，觉得张先生爱国爱民之心是可以肯定的，后来的发展诚为始料未及令人痛心。

就以"二二八"一事来说，当时情况紧张，我父亲是做了一些保护措施。后来张严佛就说我的父亲准备要杀张先生。但据我弟妹说，当时张先生走到他们房间来安慰说，要他们小孩不要怕，听到枪声不要出去，要躲好卧倒，以免为流弹所伤，真是关怀备至，安危与共，哪会有如外传的那种不快乐呢？

而且像1947年秋天，我因为母亲生病住进台大医院，从重庆中正中学回台湾来看顾母亲，张先生与四小姐看我回来，非常高兴，视我如子侄一般，更证明双方并无芥蒂。

我在读中学以后，住到修文、开阳县城父亲朋友家里，只有放假时偶尔回去，后来爸妈带小弟妹们去台湾，我与二弟在重庆读书，就住在龚国彦的家里。他夫妇待我如亲子，他原来是我父亲的队副，后调来看管杨虎城。龚每次回家就叹气抱怨看管杨虎城的难处，说他脾气古怪，不讲道理，软硬不吃，轻重都不行，太太常发神经。龚说真希望回到我父亲队上去，张先生就好相处多了，他明理谅人，凡事看得开，每天嘻嘻哈哈，到处跑跑，大家都很喜欢这位"副座"。

由于到处住的关系，我与邱秀虎、龚国彦、周养浩、张严佛都很熟。张严佛与我父亲非常熟稔，但他在大陆写的东西却不甚公正，话一讲偏了常常真相就扭曲了。事实上，上面对张先生的生活起居是非常关心优待，蒋公、蒋夫人、宋子文、戴笠都常常有关切的馈赠，住的地方都是他们选的环境良好、风景清幽之地，且常交代我父亲要好好招待，善加保护，要说我父亲敢擅自克扣虐待，是不可想象的事。

就以同桌吃饭一事，我们与张先生同住一屋的两头是戴先生决定的，他是希望我们家人能陪伴张先生与四小姐，分享点家的温暖，也可以让我父亲因携眷而安心工作，所以到任何地方都拨有安家眷舍的经费。张严佛说张先生对我们弟妹们的同桌吵嚷感到不快，但我们从未见张先生面现不悦之色，他似乎很高兴与我们聚在一起。

跟了张先生一辈子的杜副官，对张先生极为忠心，他身体高大，武术很好，又会讲故事，他有时候教我们打拳，有时候讲"济公传"给我们听，我们兄弟都很喜欢他。但我爸爸因职责关系，反而不得不防着点。有一天杜副官在温泉中

洗澡，听到旁边水声哗啦，以为有人同浴，他还打招呼，但久未回话，定神一看，原来是一条大蛇，吓得他连衣裤都没穿就跑出来。武林高手被蛇吓，事后成了笑谈，后来杜副官年老，张先生送了他一笔钱让他住在观音山养老。他对部下是很宽厚的。

我的父亲对我们非常慈爱，我的母亲很严厉，常打我们，罚我们在床头跪成一排，但听到父亲的皮鞋声，我们就跳起来，得救了。对我们的生活、学业、事业他都很关心，所以在他晚年半身不遂时，我才愿放弃升任海军将官的前途，40多岁从上校退下来，不辞辛苦照顾我父亲的生活起居，这是儿子对慈父发自内心诚挚的反哺回报之情。

后我母亲去世，我父亲写了挽联如下：

江西喜结褵，五十年旦夕相依，甘苦与共，生男育女六人，不知心血耗多少；

台北梦催白，旬余日音容顿杳，枕衾剧寒，抱病呼卿连夜，谁料死亡孰后先。

母亲去世后，我父亲长日悲戚，不到一年亦追随而去。蒋经国先生特颁"忠勤堪念"挽额。虽然以前工作不得与亲友联系，葬礼上仍有千人致祭送殡，备极哀荣。

我父亲一生的精华都在陪伴张先生，忠义廉节，两袖清风。那段时光是我们全家最值得回忆的岁月，张先生的音容笑貌永远留在我们的记忆里，想起我父亲就想到张先生。张先生的历史功过自有定论，但他的爱国心却是绝对肯定的。

我们永远记得那山中的张学良。

附录一

附录二

台湾新竹访晤张学良将军[①]

约在 1947 年 5 月下旬的一个清晨，我、刘专员（刘乙光）和傅砚农同坐师部一辆小吉普车，我带了九个卫士坐刘专员运东西的中型吉普车，由新竹向东北出发（由此有单行公路直通井上温泉）。车行约 1 小时，车被横木阻拦突然停止，刘专员告诉我，过此是高山族地区，族人在此设有关卡，任何人是不能进去，等向设关卡的人打过招呼再走。……车再开行，车越向前走，山势愈行复杂，有时车在悬崖半空中飞驰，旁临深溪，颇感危险。……车行约 3 小时才到达井上温泉。……

我们到了井上温泉，由刘专员引见了张学良将军。张穿着咖啡色中式绸衣裤，白袜布鞋。我以前没见过他，看上去比较清瘦，面色不甚健康。张发际特高，发向后梳，头前已开顶见

-223-

附录二

---

① 岳世韵、岳世韬、岳世策：《三十功名尘与土　八千里路云和月——纪念父亲岳星明》（节录）。

光，门齿不密，齿缝呈黑色。当时他不过四十七八岁，较年龄苍老得多。我们见面后，张介绍坐在他左边的一位中年妇女，才知道是当年名噪北京的赵四小姐。她着灰布旗袍，短发及颈，着布便鞋，丝毫未加修饰。当时她正在纳布鞋底。……同去的傅砚农在息峰就见过他们，所以见面后谈话较多，傅会作诗，以前和张赵有过吟和。他们偶也谈到合唱过的诗中的一两句。这样气氛也渐渐自然，陌生的我也感到有话可谈了。我们谈时，刘专员始终在座，大家都很知趣，谈问的无非是有关张先生日常生活情形。从张的谈话中知道他在研读明史，报纸是一两种当时国民党的报，要隔几天才能看到（由运食物车带去）。另外没有任何读物。明史是蒋介石指定他研究的，当然不会给他装备收音机之类。那里无电路设施，晚上点的是煤油灯。他告诉我们生活很有规律，入夜睡得很早。除读书练字外，打网球、洗温泉、附近散步，生活过得还好。其他由张说得较多，主要是谈他父亲张作霖与日本人折冲斗争的情形实况，记得对郭松龄倒戈、皇姑屯事件谈得较详，他的谈锋也健，余则一概没有涉及。我们和张晤面到午饭，约两小时左右，同吃过午饭后，各自休息。

午后我们没有打扰张学良将军……

晚饭前张学良将军陪我们同去的三人打了一场网球。我们球艺甚差，因无多谈之话，为了消磨时间，排遣无聊，对来访之客，不得不奉陪一番。晚饭备有酒肴，同席为张、赵、傅、刘专员夫妇以及六七岁的小孩，（刘叔慈按：那小孩就是我，我那时已十三岁，太小看我了！）张、赵都豪于饮，我那时年壮，也能喝上几杯，傅、刘凑兴。

张、赵喝得不少，席间他俩和傅又有新作吟唱，赵四小姐也谙音律，即席也赋得一首。

晚上我们在温泉洗浴，却无硫磺气味。当晚就住在那里，在晚餐后就没有与张谈晤。

翌日早餐后即和刘专员同返新竹。刘、傅去台北。临行时与张学良将军和赵四小姐告别，他俩有不胜依依之情。他们于我和傅砚农并无深交，但长年累月中偶得一二来访，却可慰藉他们的寂寞时光，不由得不流露其感慨之真情。

责任编辑：王世勇

版式设计：杜维伟

图书在版编目（CIP）数据

少帅张学良的软禁岁月 / 刘叔慈 著 . —北京：人民出版社，2018.2

ISBN 978－7－01－018836－2

I.①少… II.①刘… III.①张学良（1901—2001）–生平事迹 IV.①K827=7

中国版本图书馆 CIP 数据核字（2018）第 004719 号

少帅张学良的软禁岁月
SHAOSHUAI ZHANGXUELIANG DE RUANJIN SUIYUE

刘叔慈 著

人民出版社 出版发行

（100706 北京市东城区隆福寺街 99 号）

北京中科印刷有限公司印刷 新华书店经销

2018 年 2 月第 1 版 2018 年 2 月北京第 1 次印刷

开本：710 毫米 ×1000 毫米 1/16 印张：15

字数：149 千字

ISBN 978－7－01－018836－2 定价：46.00 元

邮购地址 100706 北京市东城区隆福寺街 99 号

人民东方图书销售中心 电话（010）65250042 65289539